La Légende
des Anges

Ont collaboré à l'ouvrage :

Edition : Catherine Cornu

Fabrication : Michel Moulins

Recherche iconographique : Béatrice Petit

Conception graphique : Rampazzo & associés

Mise en pages : Daniel Leprince

Corrections : Colette Morel, Eliane Rizo

Photogravure : Bussière, Paris

ISBN : 2-08-035192-3

Dépôt légal 1er tirage : octobre 1993

© Flammarion, Paris, 1993

LA LÉGENDE
DES ANGES

MICHEL SERRES
de l'Académie française

Flammarion

A NAYLA FAROUKI
LAURENT BECCARIA
PIERRE LEVY,

qui ont en commun les Anges

AUBE

*M*essagers invisibles,
mais quelquefois visibles,
les Anges des traditions
monothéistes – juive, chrétienne
et musulmane – apparaissent
et disparaissent, passent
dans le silence ou s'envolent ;
ils parcourent l'espace, dit-on,
à la vitesse de leur pensée.
Tobie, 12, 15-21 : « Je suis Raphaël,
l'un des sept qui sommes toujours
en présence du Seigneur. [...]
il est temps que je retourne
vers Celui qui m'a envoyé [...].
Après ces paroles, il disparut
de devant eux,
qui ne purent plus le voir. »
Rembrandt (1606-1669),
L'Ange quitte la famille de Tobie.
Le peintre flamand illustre
le départ de l'Archange qui guida
le jeune homme en voyage.

*M*essager à vitesse supersonique :
envol du *Concorde.*

DES ANGES

— Croyez-vous aux Anges ? demande Pia.

— Je n'en ai jamais connu et ne connais personne qui prétende en avoir vu, répond Pantope, en riant. A l'école, on nous fit rire de leur sexe... Ne méprisez-vous pas ces légendes ?

Ils attendent les valises devant le carrousel de la ligne d'Osaka, aux côtés de l'équipage, à l'aéroport de Paris Charles-de-Gaulle. Venue le chercher, comme à l'accoutumée, elle l'a vu apparaître, sorti du fleuve des passagers, comme il l'a vue, apparue, parmi la cohue impatiente de ceux qui les attendent.

— Elle rêve toujours, se dit-il.

*L*es avions portent lettres,
téléphones, courtiers
ou représentants : correspondance
et courrier se disent aussi bien
pour la poste
que pour les transports aériens.
Messagers, messages et *messagerie*
résument ainsi ces vols d'hommes,
de machines, de signaux.

— Merci de vos cartes postales et de vos coups de téléphone pendant votre tour d'Asie, de vos télécopies et courriers électroniques... nous nous parlons, à un mètre l'un de l'autre, maintenant.

Inspecteur d'Air France, il voyage sans cesse ; médecin à l'infirmerie de l'aéroport, elle vit parmi les passages, immobile et attentive dans le mouvement. Elle l'a connu, naguère, en le vaccinant contre la fièvre jaune.
Pendant que Pantope tourne, seul, autour du monde, le monde coule autour de Pia : l'univers fluctue entre leurs bras.

— Quel étrange accueil ! pense-t-il à part soi.
— De vous je n'avais que des mots ou des signes ; je vous vois, j'ai serré votre main, vous voilà donc arrivé.
— Enfin !
— Les avions et les ondes ne portaient que vos messages et puis vous êtes venu. Des lettres à la présence, quelle différence !

— Pourquoi parler ainsi, maintenant et ici même ?
— Parce que je n'y vois, au contraire de vous, que des Anges, l'ancien nom des messagers : les hôtesses, les pilotes, le radio, tout le personnel volant venu de Tokyo et au départ, bientôt, pour Rio de Janeiro ; ces quinze avions sagement rangés, aile à aile, et qui nous montrent leur nez, prêts à décoller ; ces voitures jaunes de la poste, qui délivrent plis, paquets ou télégrammes ; les appels de service, au micro ; ces bagages qui défilent devant nous ; les annonces incessantes qu'autant de voyageurs arrivent de Stockholm ou d'Helsinki, les ordres d'embarquer pour Berlin et Rome, Sydney ou Durban ; ces passagers qui se croisent et se hâtent vers navettes et taxis, ces escaliers qui descendent et montent tout seuls leurs propres marches... comme dans le rêve de Jacob...
Des Anges d'acier emportent des Anges de chair qui lancent sur des Anges d'ondes des Anges de signaux...

— ... folle, complètement folle, il faut que je le lui dise tout de suite, courageusement.

Haut et ironique :

— ... et tous ceux qui nous bousculent, toute cette foule qui nous empêche même de reconnaître nos sacs ?

— Regardez : ils représentent les affaires, les gouvernements, les médias, l'administration, la science... messagers, toujours...

— Même ces travailleurs immigrés ?

— Ils portent aux nantis les appels de la détresse.

Il se tait, interloqué.

— Mais les Anges ne portent que des messages... reprend-elle, comme distraite.

— Et alors ?

— ... commissionnaires de la parole, en attente du Médiateur, enfin présent, chair et sang.

— ...

— Ne voyez-vous pas que nous passons sans cesse comme des intermédiaires parmi des intermédiaires ? Pourquoi donc et jusqu'à quand ?

A force de vivre ici, où passent des passagers, courent des courriers, transporteurs, coursiers, annonceurs, courtiers... par ce nœud de plusieurs réseaux connectés à l'univers... j'entends bruire des nuages d'Anges...

— Façon de parler !

— ... sans voir leur destination finale.

— J'arrive et repartirai bientôt, répond-il avec mélancolie.

Elle reprend la réplique de Pantope à sa première question :

— Je ne sais si je crois à ces êtres légendaires, mais comment comprendre ou lire, dans cette ville à l'envers où nul n'habite et que chacun traverse vite, ces bruits ?

— Voulez-vous dire que la légende marque, sous les cartes, ce qu'il faut lire pour les comprendre ?

— Oui.

— Vous rapprocheriez donc la légende, au sens des contes, de celle des mappemondes ?

Elle approuve en souriant.

*M*essagerie par lui-même,

l'aéroport de Paris,

où Pantope arrive

et où Pia travaille, sert de cadre

à l'action et aux dialogues

sur les Anges-messagers.

En ce lieu de séparations

et de retrouvailles, l'architecture

mime le passage des messages

et la circulation dans l'espace ;

des diagonales traversent

une sorte d'échangeur circulaire,

par des tunnels transparents,

des escaliers roulants

ou des bandes transporteuses :

messagers automatiques ;

rond comme le monde ou l'univers,

ce modèle réduit

reproduit les lignes aériennes

que le passager emprunte.

On dirait le plan du récit

qu'on va lire.

Et, sans respirer :

— Quelles nouvelles portent ces Anges ? Qui attendent-ils ?… Après quoi courons-nous ?

— Le pouvoir, l'argent… ?

— Qui passent et circulent eux-mêmes !

— Pour encore accélérer ces mouvements : sans but ?

— Que ou qui cherchez-vous, au cours de vos voyages, Pantope ?

— Qui ou qu'attendez-vous, lorsque vous soignez, Pia ?

Elle s'arrête, comme réveillée de son rêve :

— Au moins je savais qui j'attendais… Je suis si contente que vous reveniez !

— Remettez donc les pieds sur terre, voyons, dit Pantope, trop sévèrement.

— Comment pouvez-vous me dire une chose pareille, vous qui venez d'atterrir ?

Ils rient : elle vient de marquer un point, d'autant que, tel un mâle vulgaire, il se sent vaguement flatté ; annoncé par téléphone, arrivé de loin, elle le salue de manière étrange : comme le Messie !

— Je tiens le rôle du goujat, se dit-il.

Alors, jouant le jeu, il se lance :

— Pardon. Pendant la scène, magnifique et première, c'est l'Archange qui annonce, non la femme, veuillez m'excuser.

Il s'incline :

— Voici : je te salue, Pia, gracieuse entre toutes ; je sais depuis longtemps que le Seigneur est avec toi.

Elle s'incline, surprise, puis esquisse un geste timide des doigts.

*M*essage parfait, l'Annonce faite à Marie transforme le Verbe en Chair vivante et pensante, divine. Bavard, creux et vide, le langage ne signifie rien s'il ne s'incarne pas. *Messager* parfait, l'Archange Gabriel annonce à la Vierge qu'elle devient la mère de Dieu. Sa parole vaut un acte. *Messagerie* parfaite, l'Annonciation doit à cette excellence d'être la représentation la plus fréquente – et, peut-être, la plus belle – de tout l'art occidental. Van Eyck frères, *Polyptique de l'Agneau mystique : Ange de l'Annonciation*, 1426-1432. Détail de gauche, en haut, sur le polyptique fermé. Cathédrale Saint-Bavon de Gand, Belgique.

AURORE

*M*essagère des tiers
et quart mondes, la misère
nous révèle une existence
et un temps, fondamentaux,
que l'histoire, chez nous,
jamais n'enseigna.
Plus que pauvres et indigents,
les misérables risquent de voir
détruite, en eux et autour d'eux,
par cette agression terrible,
l'humanité même.
Seul deviendrait un homme
celui qui affronte, ainsi,
le risque de destruction,
en lui, de l'humanité ?
Oui, et si premièrement humain
que ce livre l'appelle Archange :
*arch*è signifie, en effet,
le principe et le début.
Tous nés de la misère,
nous y retournerons.

A quelle extrémité de misère
faut-il se trouver acculé
pour que, sur les mains,
le visage, les yeux, les gestes,
le corps sublimé, l'âme,
évidemment, se voie,
comme issue de tous les membres,
eux-mêmes évanouis ?
R. Guariento (?-1378),
Ange présentant une âme.
Padoue, Museo Civico.

ARCHANGE

Retentit tout à coup une annonce de service : on appelle une infirmière à la salle d'urgence… le médecin de l'aéroport…

Légère et préoccupée, elle le quitte. Elle nage dans la foule dont la masse compacte embarrasse les passages.

Elle arrive au centre médical, pour y trouver, sur un chariot, paraissant évanoui, un homme sans âge, de quarante à cinquante ans peut-être, annoncé par une muraille épaisse de puanteur : barbe noire et sale, cheveux emmêlés ; enveloppés de bandes dépenaillées attachées par des

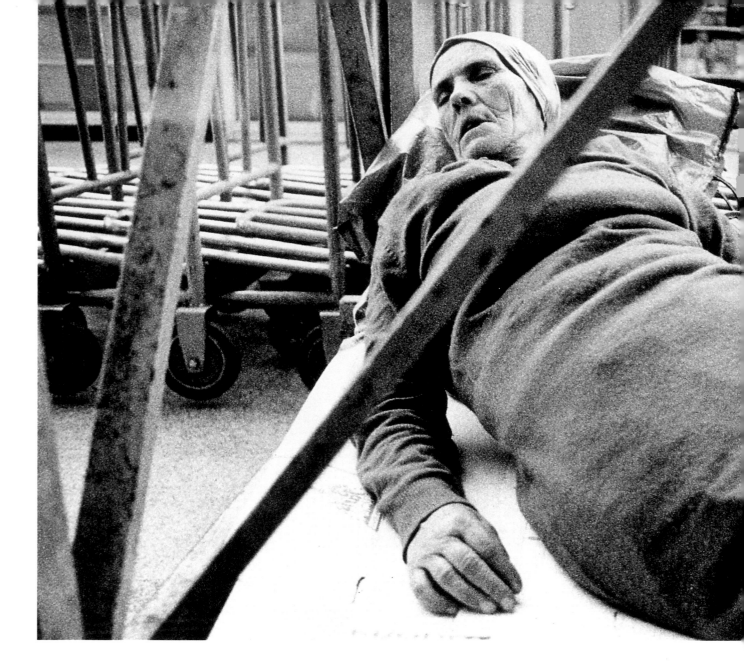

ficelles, ses pieds dépassent d'une vieille gabardine en lambeaux ; rouges et gonflées, ses mains se crèvent de cicatrices blêmes d'engelures.

— Où l'avez-vous trouvé ? demande-t-elle aux deux infirmiers.

— A la salle d'embarquement du vol pour Boston.

— Les avions ne portent pas souvent ce genre de clients, dit le second en riant.

Pia l'examine vite : pas d'accident, pas de maladie visible ni d'état de choc.

Portant sa valise, Pantope passe la tête par l'ouverture de la porte.

— Est-ce grave ? De qui s'agit-il ?

Et il entre.

— Plus dangereux qu'une maladie, ami : détresse, misère.

Elle se retourne :

— Avait-il son billet pour Boston, vraiment ?

— Oui, docteur, il le tenait même à la main, au moment où nous l'avons placé sur le brancard.

Il dit, en lui tendant le papier :

— Des responsables de grandes villes donnent, parfois, à leurs sans-abri des billets de chemin de fer, sans retour, bien sûr, vers d'autres métropoles, pour se débarrasser d'eux et en charger les autres maires ; croyez-vous qu'on les expédie, aussi, à l'étranger ?

— ... exclus de leur foyer, de leur métier, de tout toit, de toute table et, maintenant, même des villes et des pays...

Pantope :

— Voyez-vous souvent de telles scènes ?

Pia :

— Construits à la périphérie des villes, les aéroports touchent à leur banlieue : lieu de ban ou de bannissement. Exclus, toujours poussés aux limites, les misérables débarquent, inévitablement, ici. Étonnés, ils s'aperçoivent qu'ils y peuvent dormir, à l'abri, sur des banquettes, comme des voyageurs ordinaires... Que sommes-nous d'autre ?

— La police les renvoie-t-elle ?

— Bien sûr. Elle les repère au manque de chaussettes. Mais, comme celui des départs et des arrivées, leur mouvement ne cesse jamais. Ils transitent et demeurent, comme tout le monde.

— Vous, les permanents, vivez donc avec eux ?

— Parfois nous les connaissons par leur prénom.

— Un groupe humain, reprend l'infirmier au moment de sortir, peut-il subsister sans pauvres ?

— S'ils ne vivaient qu'entre eux, redemande Pia, comment les riches connaîtraient-ils l'humanité ?

*D*e Rio à Osaka, de Paris à Brazzaville, dans le monde entier, riches ou non, des femmes et des hommes, sans feu ni lieu, manquent d'abri. Ont laissé aussi toute maison : Diogène le Cynique, philosophe de l'Antiquité grecque, réfugié, sur la place publique, dans un tonneau ; saint François d'Assise, voyageur, mais ermite de la Portioncule ; Jésus, errant sur les chemins, et dont les Évangiles ne donnent pas l'adresse. Sans-logis, Rome, Italie.

— Ils passeraient dans la vie, comme par l'aéroport, luxueusement aménagé, sans risques… et
en parlant.
— En attendant leur accès à bord.
— Pour quelle destination ?

A ce moment, comme s'il entendait l'ordre de
partir, le misérable ouvre les yeux et se soulève
de terre.
— Comment vous sentez-vous ?
Un râle sourd pour toute réponse.
— As-tu faim ? dit-elle.
— …
Dans ses yeux lumineux et muets, elle lit une
résignation surnaturelle. Pia comprend que cet
homme va mourir et qu'il sait ce que le monde
ignore : la paix.
Elle pense, vite, sans rien dire : j'ai toujours su
que l'amour connaissait, au-dessus de toute
science ; tu me montres que le malheur absolu
confère un savoir encore au-dessus de l'amour,
mais qui n'a jamais trouvé de langue, sauf, peut-
être, révélée.
— Mais il passe, crie Pantope, en laissant tomber
son sac.
— Vite, une piqûre.
L'infirmier se précipite ; de la pharmacie, à gestes
calmes, précis, mesurés, foudroyants, Pia tire une
seringue ; elle s'agenouille pour ôter le manteau
et dénuder l'avant-bras.
— Comment t'appelles-tu ?
Un filet de sang descend de sa narine droite ; elle
croit qu'il a dit : Gabriel.
— Il ne respire pas, son cœur ne bat plus…

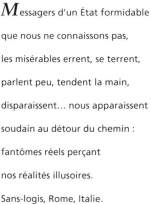

*M*essagers d'un État formidable
que nous ne connaissons pas,
les misérables errent, se terrent,
parlent peu, tendent la main,
disparaissent… nous apparaissent
soudain au détour du chemin :
fantômes réels perçant
nos réalités illusoires.
Sans-logis, Rome, Italie.

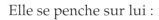

Elle se penche sur lui :
— Adieu, Gabriel.

A ce moment, dissolvant d'un coup l'odeur fé-
tide qui l'avait jusqu'alors envahie, un parfum
remplit la salle, tel que Pia jamais n'en huma de
plus suave.
— En certaines agonies, on a, parfois, observé ce
cas, dit-elle.

De part et d'autre du cadavre, Pantope, debout, et Pia se regardent.

— Je vous l'ai demandé : qui attendez-vous ?

— Lui ?

Et, à genoux, comme en rêve :

— Des misérables affamés devant un banquet... voyageurs assoiffés découvrant, au désert, une source... amoureux durement éconduits accueillis en fin d'une impatiente attente... on les a vus, parfois, s'évanouir de bonheur... Défaillirons-nous, ainsi, en vue du Paradis ?

Elle attend un long temps et ajoute, secouée :

— A moins qu'inversement la mort naturelle elle-même n'advienne que d'entrevoir soudain, en un instant d'intuition suprême, la beauté surnaturelle de l'autre monde, promis...

— ... le même qu'ici ?

*L*es Archanges de la tradition :

saint Michel, cuirassé, à gauche,

accompagne et protège de l'épée

le guide Raphaël et le jeune Tobie,

ainsi que Gabriel, le messager

des bonnes nouvelles,

à l'origine du christianisme

aussi bien que de l'islam.

Ainsi annoncée, la vie incarnée

commence, dans le dos

de la jeunesse, qui marche,

aux côtés de son Ange gardien,

vers la mort et son couperet

préparé.

Francesco Botticini (1446-1498),

Trois Archanges et Tobie.

Florence, galerie des Offices.

*D*ans la tradition la plus ancienne,
les Anges-messagers
ne prennent pas toujours
et seulement forme humaine,
mais glissent et passent
dans les souffles d'air ou d'eau,
par la lumière et la chaleur
des astres,
en somme par l'ensemble des flux
élémentaires dont les mouvements
composent la Terre.
Lorsque des Anges expirent,
ils font, ainsi, voir deux fois
le message : ce qu'ils produisent
et ce qu'ils sont.
Les Anges soufflent sur la naissance
d'Aphrodite : la nature, double,
physique et humaine, inspire
l'émergence de la vie
et de l'amour.
Sandro Botticelli,
La Naissance de Vénus, 1485.
Florence, galerie des Offices,
détail de gauche, en haut.

*L*e frémissement d'un arbre,
sous l'emprise du vent,
ajoute au mouvement mécanique
des apports physiques de chaleur
et de froid, ainsi que des éléments
vivants ; quels messages lointains
reçoit-il, émet-il,
en ces flux échangés ?

SOUFFLES

Roissy, la tempête.

Par la fenêtre, ils regardent une manche à air, rouge et blanche, vibrante et mobile, dont l'axe sensiblement fixe indique une direction pour atterrir.

La bourrasque tonne et fait trembler les vitres.

Pia, entêtée :

— Dans ce monde d'ici que tu aimes, sais-tu que les Anges ne prennent pas toujours la forme humaine, mais se dissimulent dans les flux de la nature : les courants, les rayons… ou le vent ?

Pantope, ironique :

— Comment se cachent-ils dans ces transparences ?

Pia, opiniâtre :

— J'en frémis, mais ne sais m'en passer ; ma peau s'y plonge pour s'y baigner, mais en reçoit parfois une transe mortelle ; délectable et angoissant, je vis du vent.

Sans avertir, il se renverse, de la brise à la bise : aimable, il apporte ou donne ; mère, caresse et réchauffe ; sensuel, il plaît, séduit, avive, inspire... marâtre, arrache l'aise à la peau, et, démon lâché, viole, gifle, pille, glace, pousse, écœure, hérisse d'horreur.

Il donnait de la vie bonne, et, tout d'un coup, la vole. Où et quand passe-t-il du don à l'attaque, des Anges à tous les diables ?

Pantope persifle :

— Cela dépend de la santé de celui qui se plaît dans le lit du vent !

Elle feint l'ignorance naïve :

— Où va-t-il et d'où vient-il ?

Lui, naïvement, montre son expertise :

— De la rotation de la Terre, des différences de chaleur... il souffle régulièrement le long de l'équateur, suit les lits de l'alizé, de la mousson, du simoun, du sirocco, du mistral et de la tramontane, laisse des poches de bonace ou de pot-au-noir... Les marins à la voile tournaient jadis autour du globe dans le même sens, pour garder vent arrière en évitant le plus près.

— Qu'apportent ou arrachent la brise ou la tornade : don ou vol, encore ? Le soutien du décollage ? La fertilisine, les nuages de pollen, l'appel lascif du printemps ? Les destructions des typhons ?

— Pour te plaire, je les dirai intermédiaires ou messagers... Pas de système sans transmissions.

— Ah ! Pas de monde sans vent ?

— Sans, au moins, tous les flux à la fois !

Elle, jouant à la sensuelle :

— J'aime les bains en rivière ; la caresse des courants de l'air ; la douceur de l'ensoleillement ; et, dans les piscines de boue, la terre fluide : les quatre éléments mouvants.

Lui, faisant le professeur :

— On peut dire en une phrase, tous ces porteurs, d'un seul coup : car les vents font des flux d'air par l'air ; les rivières, des courants d'eau à travers les terres ; les glaciers, des fleuves solides taillant leur route au creux du plus dur ; la pluie, la neige, la grêle, des ruissellements de l'eau à travers l'air ; les courants marins, des écoulements d'eau courant l'eau ; les volcans, des flots de feu verticaux, de la terre vers l'air ou dans la mer ; les coulées de lave ou de boue, des marées de terre, froide ou brûlante, par terre ; et les continents à la dérive, un grand tapis roulant de terre sur le feu ; on devine même, au plus profond, des torrents de feu dans ce feu... et, au ciel, des flux de chaleur et de lumière par le vide ou l'éther.

Un élément traverse les autres et, inversement, ceux-là le traversent. Il supporte ou il transporte. Ces fluides réciprocités font un mélange ou malaxage si parfait que peu de lieux ignorent l'état des autres : ils en reçoivent la connaissance par messages. Tu rends, de même, une pâte homogène en la pétrissant. L'Univers se fait par

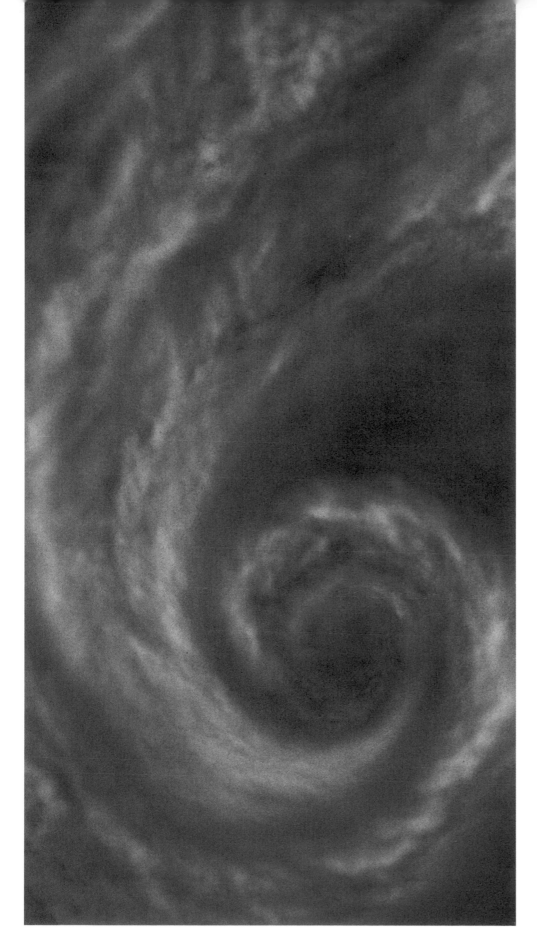

*M*essage ou messager
venu de l'Atlantique,
un orage s'approche
du nord-ouest de l'Europe.
Le mélange mouvant
et imprédictible de l'air,
de la chaleur et de l'humidité,
les turbulences et tourbillons
des perturbations atmosphériques
assurent à la planète une certaine
homogénéité du climat :
sans de tels mouvements, le froid,
trop intense aux pôles, et le chaud,
trop brûlant, annuleraient,
en effet, toute vie.
Des flux en apparence désordonnés
organisent donc un ordre,
physique et vital.
Image créée à partir
de photographies prises par satellite.

ces passerelles dont la portée ponte l'espace, où les passereaux brassent le temps.

Elle, contrefaisant l'élève attentive :

— Mais qu'apportent ces courants ?

— Le Gulf Stream réchauffe la Bretagne, l'Etna brûle la Sicile, les glaciers Blanc et Noir de l'Oisans rafraîchissent le pré de Mme Carle, où ils se réunissaient jadis ; avant de toucher terre, la pluie sèche s'évapore, à Baïkonour, et, quand le triangle de l'Inde frappa la masse d'Asie, l'Himalaya dressa ses glaces éternelles, au surplomb du monde.

— Quelle déception ! Si les vents, glaciers ou torrents viennent des différences de température et apportent partout de la chaleur ou du froid, quoi de neuf sous le Soleil ?

— La distribution globale ! Que change la canicule au désert central d'Australie, alors branlent

les vents le long de l'équateur ; du coup, le Niño peut apparaître, dont le cours défait le climat du Pérou, puis aide à la formation des cyclones, aux Caraïbes, dont le Gulf Stream est affecté : alors, le temps de l'Europe occidentale change.

De feu, d'air ou d'eau, ces flux apportent des nouvelles d'Alice Spring devant Sein ou Aurigny : j'admets que le message codé ne se laisse pas aisément déchiffrer, mais nous commençons à le lire. Au nez de Jobourg, il informe la première Française qu'il rencontre de ce qui se passe en Australie et en Floride.

— Moins déçue, je vois passer l'Ange, déjà.

— Oh ?

— Messager bon ou mauvais, donnant ou voleur, *putti* jouflus ou diables… telle localité, que vous venez de citer, retentit, grâce à eux, de la totalité de l'espace… un souffle porte et annonce l'univers.

Il insiste, sourd :

— Chaque flux se décompose en minuscules touches brisées, mais tous composent le monde. Chacun porte des petits, dont l'ensemble fait le grand.

Elle traduit aussitôt :

— A chaque seconde du jour, codée de partout, la brise, sur la joue, raconte le corps du monde. Si elle construit un univers, inversement, une raison universelle souffle en petits grains, en légions d'Anges aussi nombreux que la foule bariolée dans les aéroports.

Oublies-tu que l'esprit et l'âme répètent le vent et les souffles de vie, en mémoire de nos langues mortes ?

*D*ure mais visqueuse, la Terre évolue selon le mouvement des plaques ; les courants marins brassent les océans ; instable et stable avec les vents, l'atmosphère change et demeure. Plus ou moins lentement, des flux de tous ordres transforment et conservent l'ordre universel des éléments. Doit-on penser notre planète comme une immense messagerie ?

Mappemonde des vents sur le Pacifique, au 14 septembre 1978, issue de données fournies par satellite. Les flèches indiquent leurs directions et les couleurs les vitesses : bleu, de 0 à 14 km/h ; mauve et rose, de 15 à 43 km/h ; orange, de 44 à 72 km/h. Ces circulations s'accélèrent dans les orages, aux quarantièmes hurlants du Sud et vers les îles Aléoutiennes.

Lui, interdit :

— A la science des choses, tu couds celle des hommes, qui me manque.

Elle admet :

— Alors que celle du monde me fait défaut, Pantope ; mais, à nous deux, nous finirons par comprendre !

— Quand ?

— Ces courants, de fait, tissent-ils l'univers ?

— Il semble...

— Ouvriers ou opérateurs d'univers, de même, les Anges construisent-ils Dieu, dans sa Somme ? Comme tes flux, ils passent, courent, volent, pleins d'ailes, de musique et de nouvelles, pour annoncer la gloire unitaire.

Ainsi se constituent d'immenses messageries, où circulent des messagers, porteurs de messages à comprendre.

Voilà les réseaux construits où nous vivons et nos circulations de tous ordres ; voilà le monde des flux physiques dont tu viens de décrire la possible unité ; voilà, pour finir, mes légendes divines : une même langue réunit-elle ces trois niveaux, que nous séparons depuis longtemps ?

Alors que Pantope doute, elle reprend :

— Si les vents, les courants, les glaciers ou les volcans... portent des messages fins si difficiles à lire que nous mîmes tant de temps à les déchiffrer, ne faudrait-il pas les dire intelligents ? Qui pourrait se flatter de parler une langue aussi précise, raffinée, exquisément codée ?

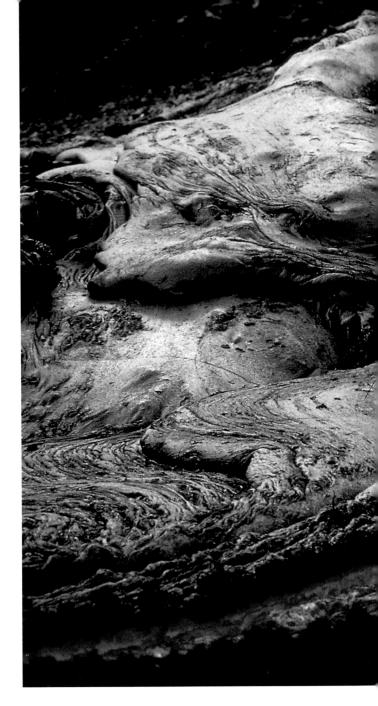

Ne nous trouves-tu point arrogants jusqu'à l'extrême suffisance de prétendre que nous sommes seuls intelligents, alors que la Garonne et le vent d'autan portent et disent plus de choses, et meilleures, que je ne saurais en écrire jamais ? Ils lisent vite les messages des autres flux, les filtrent, les choisissent, les composent aux leurs propres, les traduisent, les écrivent sur la terre ou l'eau, les conservent un long temps,

*I*ci s'unissent et se mélangent

les éléments et les flux :

fleuve liquide ou solides ignés...

eau, air, terre et feu...

fondus en un seul creuset.

Quelles informations

se distribuent, par un échangeur

aussi complet ?

s'expriment par explosions, hurlements, murmures et rumeurs, tintements et clapotis... leurs souffles n'ont nul besoin d'inspirateurs, puisqu'ils sont l'inspiration !

Et si nous n'étions que les plus lents et les moins intelligents des êtres du monde ? La tradition mettait au-dessus de nous les Anges... et si nous disions, avec elle : l'emportent sur nous les fleuves et les vents ?

Les souffles ressemblent à la vie, aussi. Plate, froide, indifférente, la mer meurt sans la brise qui l'anime, écrit sur elle, la mobilise et la soulève : le marin et le bateau naviguent dans le vent, vif, plus que sur l'eau, cire. Les petits *putti* se multiplient dans les creux liquides et les ondes jaunes. Le vent construit l'univers, la vie, l'esprit...

Je sens que penser ressemble à un emportement large et unitaire, heureux, éclaté en risées petites et sans rapport, toutes réunies pourtant sous la nappe immense en mouvement. Au-dessus des Anges nombreux, joufflus et souffleurs, chaos chahuteur, s'avance un grand Archange, vent arrière dans les ailes, dont la volonté me pousse où je désire aller.

*B*risée, la brise se divise en grains : ces mots ont la même origine et traduisent la même expérience, car la surface de la mer fait voir que chaque onde se frange en plus petites ondes encore. Quand un marin dit qu'il vente grand frais, il se réfère, le plus souvent sans le savoir, aux fractions ou aux fractures, et à l'adjectif fragile : ainsi frais ne signifie pas froid, mais cassé en morceaux ou grains de plus en plus menus, d'où ces vagues qui interceptent de plus petites vaguelettes... Usitées par tous les gens de mer, ces expressions montrent-elles qu'ils avaient deviné les objets fractals ?

J'ai peur que penser finisse par l'entraînement destructeur qui fit chuter saint Paul de cheval, comme souvent la rafale et le tangage imprévisible et le roulis précipitent sur le caillebotis, gifle dont le coup précis et lourd, exactement appliqué, inquiète le corps et lui fait perdre l'équilibre, et amène l'attention au voisinage de la mort.

— Alors, autre chose commence.

— Quoi, qui ?

— On raconte qu'au ras des cratères, dans les fosses océaniques profondes, là où, encore, le feu se mêle à l'eau, la terre ignée à l'absence d'air et la chaleur lumineuse au froid noir, on surprend la formation de grosses molécules, de celles dont naît la vie première.

— Comme tu me fais plaisir ! Ces brassages, ces mélanges, communications croisées, n'ont pas seulement pour effet la construction d'un système unique, mais aussi l'émergence, dans sa soupe primordiale, d'une nouveauté... de la vie, bonne nouvelle... d'abord, les Anges, ensuite Noël !

Amoureux de l'invention, Pantope avoue :
— Nous autres écrivailleurs, troubadours ou découvreurs de sciences, compositeurs de romances, allons nus, sans rien sauf une planche, disséminés, parfois en rangs serrés, devant tous les océans du monde, les plus chanceux en Hawaii ou en Australie, devant des murs vertigineux de lames brisantes, correspondant au vent du grand large, alors que les pauvres ne disposent que d'un médiocre clapot. Levés tôt, qu'il grêle ou qu'il gèle, nous nous entraînons, sans jamais abandonner la plage, esclaves, comme hallucinés.
Car toute œuvre, petite ou grande, consiste à prendre adroitement la vague du vent et à suivre, suivre, suivre, le plus longuement possible, un pli du ressac jusqu'à l'inévitable chute finale. Peu inspirée, elle tombe tout aussitôt ou manque même sa première attaque, alors que le chef-d'œuvre file, file, file, vite mais comme immobile, longuement horizontal, et par un écart minime à l'équilibre, sur les lignes de force invisibles, imperceptiblement dessinées sur la muraille d'eau.
On dirait que l'œuvre les invente, alors que les vrais découvreurs voient les petites rides écrites

*D*ans beaucoup de langues,
les mots qui désignent l'âme,
l'esprit, Dieu, parfois,
répètent d'anciens vocables
qui signifiaient souffle, vent
ou lumière : flux sensibles
dont la circulation messagère
transforme ou réorganise les corps
et leur environnement.
A travers tout ce chapitre,
des Anges soufflent-ils,
comme dans les branches agitées
des arbres, à l'orée du printemps ?

sur le liquide, d'où elles s'estompent aussitôt, et ils épuisent leur vie et leurs exercices à raffiner leur œil et le bord de leur planche, leur corps, à cette poursuite si en équilibre qu'elle fuit, fuit, fuit pour ne finir qu'à leur agonie.

Quel flux ou fil tire ou suit la partition réussie, et soutient son élévation continue ? L'accord, fin et léger, de la carre sur la vague du ressac, par lequel l'artiste équilibriste vole sur elle, réalise le chemin que suit ce fil.

L'œuvre plane et glisse sur le rouleau fluide et elle écrit sur lui, dont le hurlement dangereux se change en musique et le déferlement devient le volume déroulé.

Pia oppose un souffle au flux de Pantope :

— Un jour, dont nous avons perdu la mémoire, mais d'où a découlé toute notre histoire, les plus intelligents des anciens bédouins, épuisés de transporter, à travers le désert et les pâturages, les statues si lourdes et dures de leurs dieux nombreux, veaux d'or et boucs creux de plâtre, inventèrent de laisser à terre ces morceaux de marbre ou formes de métal qui les amarraient encore aux mœurs locales des sédentaires, pour vivre légers.

Corps sans entraves, mains libres, épaules nues, il leur sembla soudain qu'ils volaient : au-dessus de la plaine, sous la voûte gigantesque et vide que leur tête levée voyait pour la première fois, ils psalmodiaient – car il ne leur restait que paroles et musique :

La brise fine dont vibre la paroi mobile de la tente, dans le désert ;

le grain léger qui incline la brigantine, en haute mer ;

la transparence de l'air qui fait léviter sur le sommet des montagnes transcendantes ;

l'élément le plus subtil, flocon, fumée, vapeur, atome, bulle, flux infime, turbulence minuscule ;

la plus petite inclinaison, invisible, intangible, à peine audible, infiniment faible et fragile, évanouie, éthérée, aérienne – souffle vif, genèse, ensemence de son absence la totalité de l'univers, lumière issue de la lumière, seul Dieu, vrai Dieu.

L'intelligence brille encore des larmes que leur arrachait le vent.

MATIN

*L*es travaux froids,
de type herculéen, portage, lutte,
agriculture... précédèrent
les sociétés chaudes, industrielles,
prométhéennes, mères des nôtres,
et dont, ici, l'ancêtre forgeron
mate, à la masse, sur son enclume,
le fer rougi au fourneau.
Désormais, nous nous occupons,
principalement, à transmettre
des messages.
A Hercule, portant la massue,
et Atlas, porteur du ciel,
ainsi qu'à Prométhée,
donateur du feu aux hommes,
succèdent les Anges-messagers.
Petrus Paulus Rubens (1577-1640),
*Héphaïstos ou Vulcain forge
les foudres de Jupiter.*
Madrid, musée du Prado.

*O*rdinateur CRAY X-HP/48,
installé au centre de calcul
du CERN, à Genève :
stade temporairement dernier
de nos outils, exploits et travaux.

MESSAGERIE

A cette heure matinale, la foule de celles et ceux qui travaillent à l'aéroport se mêle à celle des passagers, au départ ou à l'arrivée.
Pia fait partie de la première et Pantope des deux.

— Sais-je si je viens de mon travail ou si j'y vais ? dit Pantope en riant.
— Le mien vient vers moi. Le tien ?
— De pays en pays, je recueille des informations sur le niveau de vie, pour que le panier de la ménagère reste équivalent pour nos employés, dispersés dans le monde, compte tenu des prix locaux. Je rassemble ces enquêtes et les

redistribue, interroge, réponds, réunis, divise, me déplace sans cesse et rends compte au siège.

— Travailles-tu, Pantope ?

— Beaucoup, tu le vois, Pia.

— Je ne vois rien, au contraire. Paysan, mon grand-père portait des sacs de farine, des fagots de branches coupées, pendant que mon oncle forgeron, de sa masse, matait sur l'enclume des barres portées au rouge cerise. Toute mon enfance, je les vis boire parce qu'ils suaient, ou s'asseoir pour souffler.

Travaillons-nous, en comparaison ? Assis dedans et à l'ombre, nous nous réunissons, parlons ou voyons le paysage défiler...

— Pourtant nous nous fatiguons !

— L'histoire de nos familles recouvre un défilé de figures. Souviens-toi de celles qui portent les temples.

— Des caryatides ?

— Oui, femmes ou hommes, Atlas ou Télamon, je croirais voir mon grand-père, musculeux, résistant et patient. Ils portaient ou supportaient !

— Portage à l'antique : soutènement de formes immobiles !

— Pas seulement. Hercule traverse les pays méditerranéens, massue au-dessus de l'épaule, et travaille en frappant de la masse ou, je l'imagine, en s'en servant comme d'un levier, ouvre le détroit de Gibraltar.

On raconte même qu'il requit celui qui soutenait le ciel pour l'aider à l'aviron, sur le vaisseau en partance pour le jardin des Hespérides. Hercule ramait, dit-on, entre Atlas et Télamon.

— Les voilà, comme nous, partis en voyage.

— Sauf qu'ils suent pour faire défiler le paysage !

— Tu ne parles qu'en images, et de héros ou de dieux !

— Non, je cite des légendes, pour mieux déchiffrer nos cartes !

A la révolution industrielle, mon oncle, à la forge, l'emporta de beaucoup. La transformation des choses fit l'essentiel du travail : le minerai devient un lingot, et celui-ci les machines qui peuplent le monde.

— A tes dieux, vrais ou faux, ajoute donc l'ancien Prométhée, donateur du feu, et un moderne démon, grand séparateur de molécules, que Maxwell inventa, le siècle dernier, pour expliquer que le chaud et le froid, tout seuls, ne se séparent pas.

Le portage : la montagne s'écroule et ensevelit vivants les Géants, à la fin de leur guerre contre les dieux, ou Gigantomachie. Pour avoir participé à cette lutte, Zeus condamne Atlas à soutenir de ses épaules la voûte céleste. Jules Pippi, dit Romain (1499-1546), *La Bataille des géants*. Mantoue, palais du Te ; détail du mur des Géants, construit entre 1525 et 1535, d'après plusieurs dessins de Jules Romain, pour le duc Frédéric II de Gonzague.

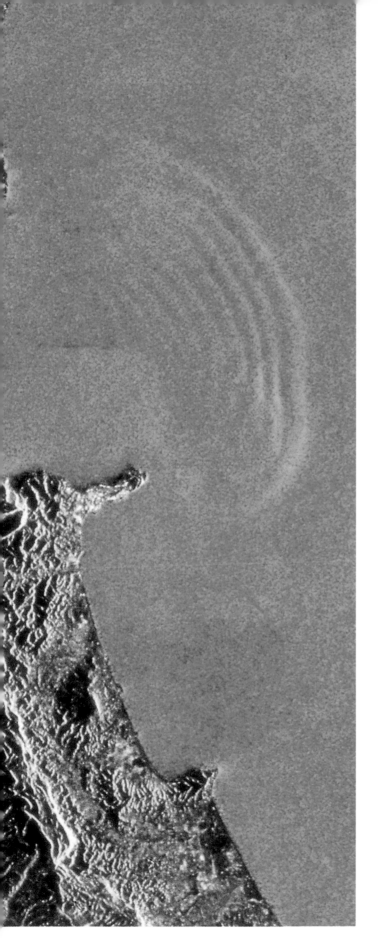

*L*es *travaux anciens* d'Hercule : la mythologie grecque raconte que, lors de son retour en Grèce, après l'expédition destinée à ravir à Géryon son troupeau de bœufs, Héraklès éleva deux colonnes, de part et d'autre du détroit qui sépare le rocher de Ceuta (anciennement Abyla) de celui de Gibraltar (Calpé), appelé, pour cette raison, en ces temps, les colonnes d'Hercule. Pour y naviguer à sa place, il avait, aussi, dérobé au Soleil la « coupe » sur laquelle celui-ci s'embarquait tous les soirs quand il avait atteint l'Océan, du côté de l'ouest, afin de regagner son palais, dans l'Orient du monde. Prise par satellite, cette photographie montre les vagues produites, en Méditerranée, par la marée de l'Atlantique : courbes, les ondes messagères se propagent et manifestent des forces.

— D'après ces définitions, ni toi ni moi ne travaillons !

— Et cependant, pour comprendre le travail, nous répétons le même mot, forme, identique dans l'histoire. Passé le portage de ces formes, après leur *transformation*, vient l'*information* : communication, interférence, passages, traduction, distribution, interception et parasitage... transmissions et messagers.

— Nous travaillons donc à la manière des Anges, vieille, mais récente, figure de cette histoire. Considère la foule qui passe : combien peu de Prométhées, encore moins d'Hercules et d'Atlas, pour tant et tant d'Anges, partant en voyage, porteurs de messages.

— Nous ne travaillons plus la même matière. Les premiers soutiennent des formes solides, invariantes, les seconds transforment les choses en les liquéfiant, alors que notre monde, fluide et fluent, même fluctuant, devient de plus en plus volatil.

Pia, en riant :

— *Volatil* se dit d'un être qui porte des ailes ; puis d'une substance qui change, vite, vers l'état subtil ; enfin d'une apparition qui, aussitôt, disparaît. Voilà, que je sache, trois attributs angéliques.

Pourquoi trouves-tu plus de scandale aux Anges, à l'ère de l'information ou des monnaies volatiles, qu'il n'y en eut à parler de ton démon de Maxwell, à l'époque de la forge ou d'Atlas, autrefois ?

Pantope, sérieux :

— Faut-il, aujourd'hui, pour agir et penser, réunir ensemble des systèmes statiques, statuaires, solides et bien fondés, à formes stables, voilà Hercule ou Atlas ; puis les transformations ou genèses par la puissance du feu, où Prométhée advient, entouré des vieux démons et du nouveau ; enfin l'univers informationnel, complexe et volatil, tissé par les messageries, prévu jadis par Hermès et couronné maintenant par tes foules angéliques ?

— Squelette, métabolisme, système nerveux : voilà le vivant ! dit Pia, contente de s'y reconnaître.

Et faut-il, pour écrire l'histoire, associer au moins trois temps : celui, réversible, des horloges ou de

*D*ébut de l'ère des messages :

prédécesseur grec des Anges,

Hermès-messager,

à la coiffure ailée, se tient debout

auprès d'un char, en compagnie

d'Aphrodite, déesse de l'Amour,

au centre, avec, sur la gauche,

Éros et Psyché, l'âme.

Au-dessus du sol, la roue vole ;

déployant ses ailes, l'Amour vole ;

sur le véhicule,

paraissant transmettre,

de sa main tendue,

des signaux issus de sa droite,

Vénus vole : l'âme

et ses Anges gardiens,

plus l'alliance hermaphrodite…

en bref, la personne humaine

tout entière vole,

très légère messagère.

Relief en terre cuite,

provenant de Locres, Bruttium,

partie de l'actuelle Calabre,

sud de l'Italie ;

vers 470 avant Jésus-Christ.

la mécanique, né près des piliers ou des leviers,
plus l'irréversible de la thermodynamique, né du
feu, enfin celui, dit néguentropique, d'où naissent les raretés.
Elle ne coule plus comme on crut.

— Petite histoire universelle du travail en trois
actes, trois figures ou acteurs, trois états de la
matière, trois mots qui n'en font qu'un et trois
temps, par Pia, toubib volant !
— Persifleur mais pertinent !
— Pardon pour l'impertinence.

*U*n Ange passe...

Traces du passage d'Orion

dans le ciel : trois étoiles bleues

forment le baudrier du célèbre

chasseur ; la supergéante rouge,

au-dessus de la ceinture,

se nomme Bételgeuse

(en arabe : l'épaule ou l'aisselle) ;

sous le baudrier, Rigel

(le pied, dans la même langue)

brille en bas, blanche et bleutée ;

non loin de l'épée,

la nébuleuse tache,

enfin, le centre de rose.

Presque toutes les parties

du monde peuvent voir

la constellation d'Orion, située

non loin de l'équateur céleste.

Photographie obtenue

avec une longue pose.

— Le dernier temps, celui de l'annonce, change le monde, alors qu'Atlas, Hercule ni Prométhée n'apportent de nouveauté, n'est-ce pas ?

— Sans doute.

— Les Anges portent donc la bonne nouvelle... L'un d'eux, peut-être, passa.

— Nos Anciens restaient plantés sur place.

— Oui pour Atlas et les caryatides, portefaix, moins pour Hercule ou Ulysse, voyageurs en terres inconnues, oui encore pour les démons de Maxwell, petits dieux de techniques locales, veillant aux guichets.

— Alors que l'information construit l'univers, par réseaux.

— Artificielles, nos messageries atteignent au globe ; et celui-ci, physique, se construit par messagerie : souffles et courants fluides transmettent au loin de l'information.

— ... vois partout pulluler mes Anges-messagers, insiste Pia, têtue.

— Trois classes d'ouvriers défilent devant nous : d'abord l'atlantique, régie par Atlas, herculéenne parfois, la prométhéenne ensuite...

— ... l'angélique, pour finir, qui s'occupe à connecter les lieux vers le global.

— J'en arrive.

— Oui, sur les ailes des Anges. Voici le nouvel univers, son temps étrange et son grand récit.

Pantope résiste encore.

— Que tu décores du nom d'Anges les messagers : voyageurs, commissionnaires, annonceurs divers, je peux le comprendre... à la rigueur les flux et les ondes du monde... mais les avions !

— Crois-tu que les hommes aient, seuls, la capacité d'émettre ou de transmettre ?

— Nul ne fait signe, sauf nous !

— Quelle prétention ! Les dauphins et les abeilles communiquent, ainsi que les fourmis, les vents et les courants de la mer. Les vivants et les choses inertes retentissent ensemble sans cesse, pas de monde sans ce tissu bouclé de relations, des milliards de fois tressé.

— Mais insensé.

— Méchanceté de Narcisse ! Pour les Anciens, sages, certains Anges, coureurs ou estafettes, ressemblent à des hommes, mais d'autres à des ondes, à des souffles, au clignotement de la lumière, aux constellations scintillantes. Nous y ajoutons nos merveilles techniques.

— Folies.

— Raison.

— Non et non ; la science distingue le sujet, pensant et actif, de l'objet, passif et pensé.

— Totale ignorance des actes de connaissance ! Les objets connaissent autrement que nous, voilà tout.

— Idée intenable.

Elle pointe son index vers la fenêtre.

— Regarde ces gosses jouer au ballon : les maladroits jouent à la balle, comme s'il s'agissait d'un objet, alors que les plus adroits la servent comme si elle se jouait d'eux : ils s'adaptent aux passes et aux rebonds. Nous croyons que des sujets manipulent cette boule gonflée ; quelle erreur, elle trace leurs relations. A suivre sa trajectoire, leur équipe se crée, se connaît, se représente. Oui, actif, le ballon joue.

— Aucun rapport avec la connaissance.

— Mais si! L'axe du cadran solaire écrit sur la terre, par le soleil mais tout seul, l'heure de l'équinoxe et la position du lieu; la mémoire dort dans la bibliothèque, au musée, sous l'écran de mon ordinateur et dans le langage, écrit ou parlé; le souvenir s'éveille et luit au passage du courant; l'imagination flambe, s'éteint ou s'épuise sur nos écrans de télévision... crie la stridulente flûte de Pan, chante la clarinette, pleure le violon, sanglote le basson, sensibilité de cuivre, de corde et de bois... non, nous ne sommes pas si exceptionnels: ce que les vieux livres appelaient nos facultés, les voici, dehors, éparses par l'univers, inerte et fabriqué.

— Images, façons de parler!

— Crois-tu donc que les machines et les techniques construiraient les groupes et changeraient l'histoire, si elles se réduisaient à de passives choses?

— Des objets techniques, voilà tout!

— Autant dire un merle blanc, expression contradictoire. Ces pointes, écritoires, tables, livres, disquettes, consoles, mémoires... produisent le groupe qui pense, qui se souvient, s'exprime et, parfois, invente. Sans doute ne pouvons-nous pas nommer ces objets des sujets; mieux vaudrait dire: quasi-sujets techniques...

— Comme s'ils étaient doués de nos qualités?

— Quasi! Les considérer comme de pures choses revient à mépriser, encore et toujours, le travail humain, bévue constante de ceux qui, à force de

Admirable synthèse de l'Ange à forme humaine et du flux de lumière venu du ciel. On considère le cadran solaire comme une horloge, destinée à scander la journée, depuis seulement une date récente. Dans l'Antiquité grecque et babylonienne, il servit, dès son invention, d'instrument de recherche scientifique, et surtout d'observatoire astronomique, sur lequel les spécialistes pouvaient lire équinoxes, solstices et latitude du lieu. Selon l'inclinaison de son axe ou *gnomon*, rigoureusement calculée, il recevait du Soleil les signaux déterminant ces informations. Les Grecs purent construire un modèle géométrique du monde, en partie grâce à lui. Cathédrale de Chartres (1174-1260).

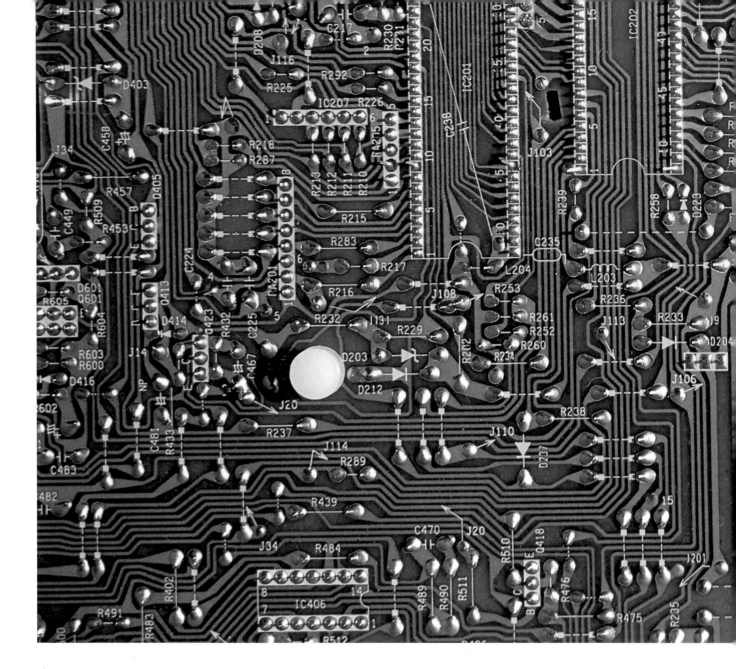

se faire servir, voient toujours des hommes entre les outils et eux !

— L'intelligence artificielle ne date que d'hier.

— Mais non ! Nous fûmes toujours artificiels pour les neuf dixièmes de l'intelligence. Certaines choses du monde écrivent et pensent, de sorte que nous en construisons d'autres pour qu'elles pensent pour nous, avec nous, parmi nous, et par lesquelles ou en lesquelles même nous pensons. La révolution de l'intelligence artificielle date, au moins, du néolithique !

*D*eux produits et conditions de l'*ère messagère* ; nos messageries fonctionnent au moyen de machines qui, elles-mêmes, se tissent ou se nouent comme des réseaux de messageries. Aux travaux antiques et simples de force, succèdent des exploits

de haute *complexité* :

ces deux derniers substantifs

dérivent du terme pli,

ainsi que tous les adjectifs

du genre : double et souple,

triple, quadruple, multiple…

de sorte que tous

se réfèrent, à la fois,

à des grands nombres

et à des formes repliées.

En ce sens, les nouveaux outils

montrent des nœuds

et des tissages fortement impliqués.

Du moins au plus complexe :

à gauche, circuit d'une cassette

vidéo ; à droite, micrographie

de la surface d'un microprocesseur

ou circuit intégré.

Réduire ces merveilles à de simples objets me paraît aussi injuste et sot que de dire sans âme les esclaves et les femmes, les valets dénués de besoins et les enfants de liberté, de n'accorder aucun droit au monde… pour l'arrogante royauté d'êtres rares.

— Ne serions-nous pas les seuls sujets ?

— Comme les lois et le droit, l'intelligence, aussi, se partage, et la mémoire et la conscience… Non que les techniques contemporaines aient seules pénétré dans l'univers de la pensée, mais, de tout temps, elles constituèrent un monde proche du sujet : la hache de pierre, l'enclume, la houe… travaillent activement pour nous, et ne prolongent pas seulement le bras ou la main. Le violon tire en avant l'artiste, le crayon écrit pour moi qui court après ma langue.

— Pourquoi faire intervenir, ici, les figures angéliques ?

— Dans la tradition la plus ancienne, les Anges ne prennent pas toujours une apparence humaine, mais ils occupent l'univers des choses naturelles et fabriquées.

— Tu vois donc des Anges partout…

— Partage avec tout le titre auguste de sujet ! La lumière du soleil et des étoiles porte des messages, que déchiffrent les instruments d'optique ou l'astrophysique ; telle antenne en émet, en transmet, en reçoit ; là, les hommes n'interviennent pas et, ici, le moins possible, quand l'outillage marche, comme on dit.

— Travaillerons-nous encore, questionne Pantope, aussi têtu, si nous devenons des Anges ?

— Guère plus au sens d'hier matin, où nos pères s'échinaient sur le lopin de terre ou le morceau de fer, à former, reformer, transformer, de leurs mains, au moyen d'outils et de machines.

— Nous échangeons de l'information avec des objets qui ont plutôt l'air de relations, jetons, codes ou postes.

— De plus, dit Pia gravement, dans le nouvel univers en connexion croissante, l'ancien travail devient vite contre-productif : pollue, produit crises et chômage, par prolongation indue,

*L*es conséquences contemporaines *du travail ancien sur l'environnement.* L'effet de serre, l'une des suites possibles des activités du type de Prométhée : l'industrie traditionnelle et ses rejets gazeux à haute température, en polluant l'atmosphère, réchaufferait le climat global ; les conditions générales de survie s'en trouveraient bouleversées. Photographie-montage, sinistre à plaisir et à l'excès, où, en haut, à gauche, la planète-Terre s'offre en victime aux effluents d'une usine.

inutile, dangereuse, de la civilisation organisée autour de lui, dont l'activité centrale recrute et mobilise toute la société, comme, jadis, la religion ou, naguère, la guerre. Les désastres viennent toujours de choses qui nous ont réussi et dont nous maintenons longuement le nouvel échec, à grands frais de catastrophes et de morts.

— Le meilleur devient le pire !

— Je me souviens du moment, j'allais même dire de l'année, où le travail passa du règne des valeurs sacrées à celui des problèmes. Nous ne travaillons déjà plus qu'à réparer les méfaits du travail !

— Tu m'angoisses et me scandalises ! Veux-tu dire que le chômage nous attend tous ?

— Certainement, et il faut faire contre cette bonne fortune meilleur cœur.

— Impossible !

— Depuis des siècles, notre science travaille à l'allégement des peines du travail.

— Aurait-elle réussi ?

— Qui ne le voit pas s'aveugle. Pourquoi travailler ? Pour faire moins bien que le donné ? Construire une usine de raffinage, épuiser des ouvriers, détruire l'environnement, contribuer aux crises et à l'inégalité des revenus, amasser des fortunes dont les conséquences affament les misérables, alors que tel micro-organisme raffine mieux, plus vite, et de façon plus économique et propre que nous ?

— Le donné à la place du construit ? Bigre !

— Avez-vous besoin d'un compte-temps ? Pourquoi fabriquer des montres, alors que la nature

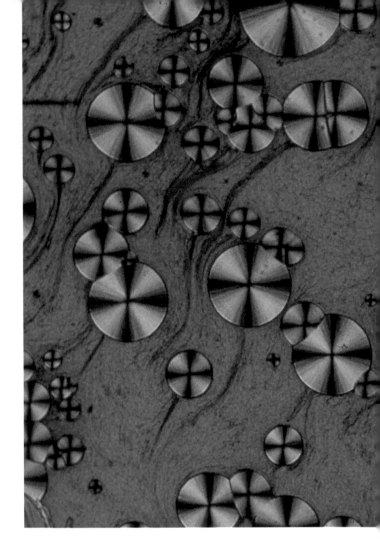

pullule de molécules, d'atomes ou de cristaux dont les vibrations battent exactement le rythme à choisir ?

— Où se trouve le cadran, Pia ?

— Partout : au ciel, dans la fatigue et la faim.

De manière irréversible, nos technologies avancées produisent du chômage dans l'ancien travail, alors qu'elles devraient s'occuper à nous aménager la vie du pasteur Aristée, dont les abeilles préparaient la nourriture. La semaine, commencée au néolithique, finie, voici venus Dimanche ou les années sabbatiques.

Nous avons assez transformé ou exploité le monde, le temps vient de le comprendre !

— Tu inverses les vieilles devises !

— Mieux connu, bien choisi, le donné suffit.

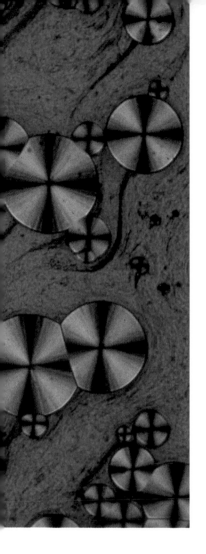

Le travail d'après-demain ? Les objets de la nature montrent, parfois, des propriétés plus exquises que celles que produit notre travail. Au lieu de construire, demanderons-nous, un jour, au donné de réaliser nos projets ? Coulant comme des fluides, mais maintenant des structures ordonnées, à la manière du cristal, certains cristaux liquides, sensibles, changent selon la lumière et la chaleur, et ont des propriétés optiques rares, qu'obtiendraient difficilement nos fabrications.

de la connaissance. Nous mangerons du savoir et des relations, plus et mieux que nous ne vécûmes de la transformation du sol et des choses, qui continuera automatiquement.

— Tout le monde a peur de ce nouveau monde, Pia. Mais, avant cette échéance ?

— Nous aimons tant conserver les vieilleries, même évidemment malfaisantes ou dépassées, qu'avant qu'advienne ce nouvel univers, pourtant réellement contemporain, désastres et misères découleront de nos retards à comprendre le présent vivant.

— Encore tes utopies !

— Connais-tu un seul changement, un peu important dans l'histoire, qui n'ait d'abord passé pour tel, aux yeux des uns, que d'autres ont espéré comme un miracle ?

— Allons au travail, ma chère, avant ta semaine des Quatre Jeudis !

— Que nous restera-t-il donc, pour la vie ordinaire ?

— Le savoir, la culture, les soins, les arts, la conversation... la vie angélique.

— Inconcevable utopie !

— Déjà vieilli, le monde des communications, le nôtre, accouche, en ce moment, d'une société pédagogique, celle de nos enfants, où la formation continue accompagnera, toute la vie, un travail de plus en plus rare.

Les universités à distance, partout et toujours présentes, remplaceront les campus, ghettos fermés pour adolescents huppés, camps de concentration du savoir.

Après l'humanité agraire, advint l'homme économique, industriel ; s'avance une ère, nouvelle,

Les foules s'écoulent, se mêlent, divergent dans l'immense échangeur de l'aéroport.

— Nous voilà loin du champ solitaire et de l'atelier nombreux. Nos messageries touchent désormais de grandes populations... l'humanité entière, presque. Voilà l'héroïne de la tragédie contemporaine : plus d'acteur, plus de chœur, ni dieu ni classe... la totalité humaine solidaire.

— Elle communique, certes, mais que se dit-elle ? Encore une fois, pourquoi ? Devine le nœud et le dénouement de la pièce !

— Mais nous ne vivons pas au théâtre ni au cinéma !

*L'*ancien état de nos travaux

revient dans le nouveau.

Le mot latin *pagus* désignait

le champ que l'agriculteur labourait;

terme si ancien et vénérable

que le *paganisme* des *païens*,

comme les *paysages* d'un *pays*,

modelés patiemment

par les *paysans*, lui empruntèrent

tous cinq leur nom, religieux

ou culturel.

Or la *page* sur laquelle j'écris

et que le lecteur lit aujourd'hui,

stockage d'informations

le plus anciennement connu

et l'un de ses premiers circuits,

dérive, aussi et encore,

du même vocable.

Les lignes de l'écriture paraissent

mimer les sillons du labour;

la puce qui précède reprend-elle,

à son tour, et la page et le *pagus*,

en les rendant plus complexes ?

Raoul Ubac, *Terre brûlée, II.*

Marseille, musée Contini.

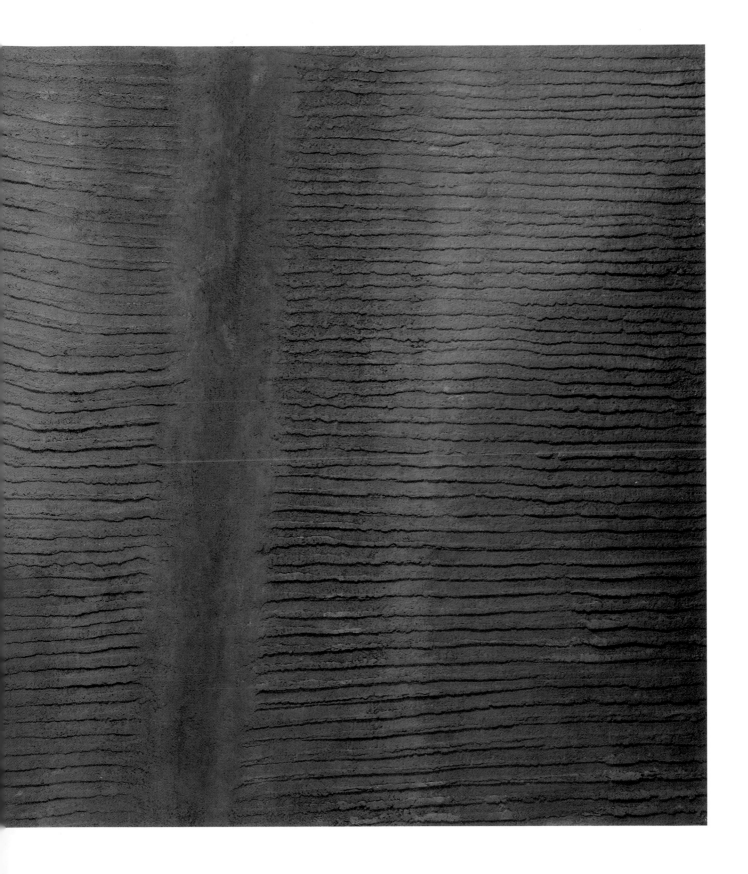

*L*e modèle urbain envahit,

très vite, aujourd'hui,

l'espace de la planète,

non seulement à sa surface,

où les villes, parfois, se connectent,

 de proche en proche,

en conurbations ou mégalopoles,

mais aussi, puisque les réseaux

des compagnies aériennes

et des messageries d'information

fonctionnent grâce à des ceintures

de satellites, verticalement.

Comme les anciennes cités,

cette ville, nouvelle, unique

et mondiale, sépare

ses beaux quartiers, hauts, riches,

de ses zones misérables, basses.

*V*ue de Rocinha, la plus grande

des favelas de Rio de Janeiro, Brésil,

déjà peuplée, en novembre 1987,

de deux cent mille habitants.

*U*ne tour, au quartier

de la Défense, dans l'ouest de Paris.

LOS ANGELES

— Maintenant, raconte ton voyage.

— Tout se ressemble, répond-il avec lassitude.

— Non, dit-elle, tout diffère. Le globe tend à devenir une seule ville messagère, mais dont chaque quartier défend son bariolage singulier.

— Partons donc pour Villeneuve, cité invisible, dont le centre est partout et la circonférence nulle part. Visitons ses hauts quartiers ainsi que Villevieille, sa zone sombre.

— Décollons, fait-elle.

— Accroche ta ceinture, ma belle. D'en haut, la nuit, nous voyons mal les étoiles, mais les villes s'illuminent, comme si les constellations, renversées, cloutaient la terre.

La ville des Anges,

dont les constellations brillantes

illuminent la voûte de la Terre :

l'Europe occidentale,

sauf l'ouest de la France

et le nord de l'Espagne,

la côte est des États-Unis, le Japon,

les rivages du golfe Persique...

d'autres encore, montrent

l'extension progressive

de la nouvelle ville-lumière.

D'où, tantôt, la nostalgie des âges

de ténèbres, où nos prédécesseurs

jouissaient, encore,

des vertus apaisantes de l'ombre.

Montage de photographies,

prises de nuit, par satellite.

— Les myriades angéliques atterrissent.

— Cela tombe bien, puisque nous parlons des Anges du point de vue des hommes, du travail, de la ville, du langage, des transmissions de tous ordres.

— Nous parlerons, plus tard, du Diable et de Dieu, promis ?

— Restons sur terre, si j'ose dire. Survolons la Hollande ou Honshū, en tenant sur nos genoux la carte ; reconnaissons-nous les villes désignées par écrit sur le plan, Amsterdam ou Osaka ? Non, car nous ne voyons, sous l'avion, que des habitations ou des serres, sans lacune. Les noms propres des atlas ne correspondent plus à la réalité du sol.

— Refaisons la mappemonde, puisque les villes, continues, ne se distinguent plus.

— Nommons Pays-Bas, plutôt, cette cité connexe, qui absorbe Rotterdam, Haarlem et

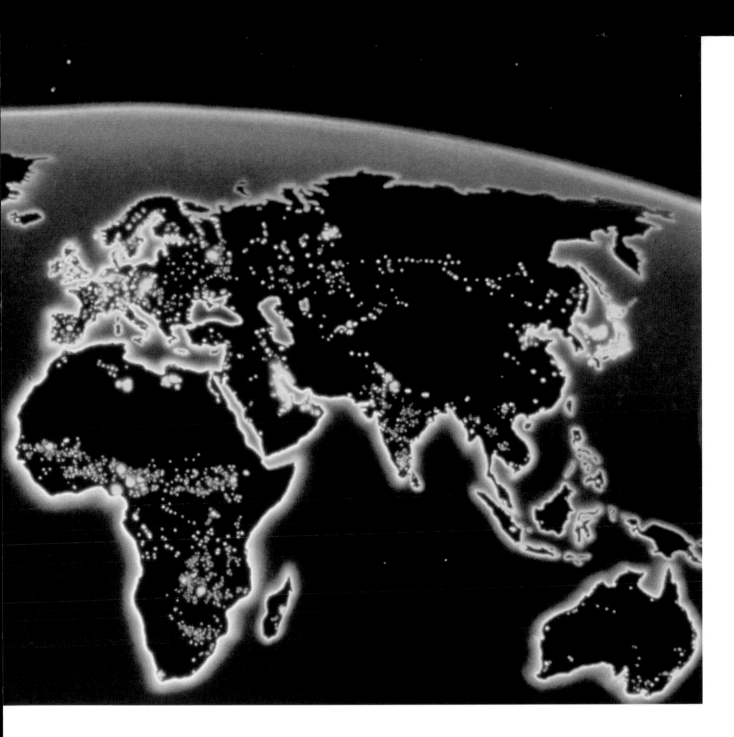

les Polders ; ou Japon cette ville unique, dont l'emprise court du nord au sud de l'île. Explosive, la conurbation envahit le pays, en entier.

— Il faudrait voir cela de plus haut encore !

— En effet, que par une belle nuit de juin, un satellite passe à la verticale de Strasbourg, en France, et qu'il repère les lumières solidaires de la super-géante mégalopole Europe, qui, partie de Milan, franchit les Alpes par la Suisse, longe le Rhin par l'Allemagne et le Benelux, prend l'Angleterre en écharpe après avoir traversé la mer du Nord et finit à Dublin, passé le canal Saint-Georges, troupeau énorme de monstres, de Genève à Londres, et au-delà, de l'Italie à l'Irlande, comme agglutinés ou répandus par la lumière, que Paris semble garder, comme un berger, de loin ; immense tache dense et jaunâtre, en connexions perpétuellement croissantes, reproduite, aussi bien, en Amérique du Nord, de Baltimore à Montréal, et le long de la chaîne

asiatique des Cinq Dragons, perceptible de très haut, et dont l'électricité expulse les ténèbres à l'extérieur de l'Occident.

— Autrefois, les étoiles passaient pour les armées des Anges, les voici au sol. Nous vivons comme eux, je le répète.

— La ville naquit, dit-on, d'une clairière dans les forêts ; or, celles-ci, désormais, apparaissent comme des *sombrières* lacunaires parmi les métastases gigantesques des lumières de la Ville. La masse pâle du Mont-Blanc s'efface, comme les Alpes.

Une seule ville par région ou île, puis par continents associés, enfin pour le monde entier. Villeneuve va, par relations brillantes, vers l'unité.

Son entrelacs chasse les plaques noires des champs, des montagnes, des lacs et des bois… tout en restant invisible pour ceux qui l'habitent, parce que son treillis fournit, invente et multiplie toutes les lumières, tous les éclairages, les vues aériennes et les sciences.

Nous vivons désormais en Villeneuve-lumière, nouvelle, certes, unique, bientôt, munie de toutes les clartés possibles… comme si nous

Solitude, silence, calme, sérénité... îles rarissimes parmi la foule dense des villes pleines, la noise des moteurs, des tronçonneuses, des marteaux-piqueurs, des radios et des haut-parleurs, l'agression des éclairages, l'écriture proliférante, les publicités hurlantes, la vitesse des voyages, l'agitation des échanges et l'écoulement foudroyant du temps... Voulons-nous perdre, au plus fort prix, la paix et la vie ? Moine voilé, anonyme, presque immobile dans le parc de l'abbaye de Camaldoli, Toscane, Italie, 1992.

hantions le centre, immense, d'un œil lumineux ; donc, aveugles, nous ne la percevons pas.

— Contrairement à ce que dit l'Écriture, si la nuit reçoit volontiers la lumière, celle-ci exclut le noir.

— Saisis dans cet entrelacs, nous l'habitons, même si nous prenons du repos dans une vallée retirée, ou gravissons, encordés, une paroi verticale de marbre, en haute montagne.

— A l'inverse d'hier, où les prophètes se lamentaient sur les villes détruites, pleurons aujourd'hui la perte et la destruction des forêts ou déserts, des chartreuses et des monastères, du silence et de la solitude propices à la pensée. La ville-lumière pénètre les ombres, porte ses fracas dans la tranquillité, plaque l'écriture sur la mutité de la nature, éradique les espèces... nous ne pouvons plus entendre psalmodier nos lamentations nouvelles, privés de cet ancien espace muet qui transportait pudiquement les clameurs du désespoir.

Notre culture ne nous enseigna pas de phrases pour crier la mort de la campagne, étranglée par les envahissantes métastases, horizontales et verticales, de Villeneuve-univers.

— Verticales, maintenant ?

— A-t-on jamais calculé combien de centaines d'avions volent, à un moment donné, je veux dire en permanence, à dix mille mètres au-dessus du globe ?

— Des millions d'êtres habitent – voilà tes Anges, Pia – ce haut quartier de la ville, absolument stable, quoique animé de vitesse subsonique. Oui, je fais partie de leurs légions ! Veux-tu mon adresse ? A 340 ; OSA– CDG ; 14 F. Déchiffre-la !

— Type de l'appareil ; direction du vol ; numéro du siège.

— Les personnes changent, mais la ligne reste.

— Comment appeler cette zone élevée ? demande Pia. Angeville, Agen, Angers...

— Non, j'ai trouvé : Los Angeles !

Ils rient.

— Haute zone doublée, encore plus haut, de tores où circulent les satellites, quelquefois stationnaires, lancés de Kourou, de Baïkonour, de cap Canaveral, banlieues équatoriales, et redoublée de cent réseaux où passent les messages électromagnétiques.

— Les nouveaux aristocrates habitent de moins en moins les quartiers bas et de plus en plus, parvenus, ces zones rondes de vols et d'ondes.

— Ils y dorment et y mangent. Connais-tu le plus grand restaurant de ce Los Angeles, si bien baptisé ? Volant, il distribue tous les jours des centaines de milliers des mêmes plats, insipides et douceâtres, dévorés en même temps par des voisins réels, attelés, assis à une semblable mangeoire et s'adonnant aux mêmes gestes, par quelque harmonie préétablie, quoique éloignés

quelquefois de l'étendue transparente de la Terre et du ciel. Qui peut se dire leur proche ? Alors que mon voisin vole et boit sur le Labrador, je déjeune et dors au-dessus de l'Espagne ou de la Nouvelle-Zélande. Lointains et prochains.

— La Cène universelle : comment la peindre, ô Léonard ? Le banquet des Anges, qui aurait pu l'imaginer si mauvais !

— Une même salle de spectacle, en mille lieux mobiles, reproduit l'unité des représentations, qui, chez soi ou ailleurs, en haut comme en bas, ne font voir le dehors qu'à la condition que nous restions dedans. Bientôt, Villeneuve des Anges ne produira qu'un seul spectacle. Fermez les hublots sur les plus splendides paysages de la Terre, pour que nous puissions nous droguer d'un film sot !

— Horizontalement, la ville tend à occuper le globe ; et maintenant, elle tourne.

— Elle monte et vole. La rotation de la Terre libère-t-elle, par force centrifuge, cette sublimation ascendante de l'histoire ? Universelle horizontalement, Villeneuve décolle, verticale maintenant.

— A l'envi, les villes antiques construisirent des pyramides, ziggourats, gratte-ciel, flèches de cathédrales et tours, dans la dimension verticale, pour affirmer leur maîtrise, leur orgueil, leur envie ou leur piété : qui parviendra au plus haut, dans une forme, pesante, de pierre, fer, verre ou béton ? Affranchis de toute pesanteur, les habitants de Villeneuve ont décollé aussi haut que possible, incomparables.

Vivons-nous au bout de l'échelle des Anges ?

Villeneuve réussira-t-elle où Babel échoua ? Rassembler la totalité des langages veut dire construire l'universelle ville... celle-là même dont les rues ou les réseaux recouvrent sans lacune la Terre, désormais perçue comme unique par une solidarité nécessaire.

L'opposition contemporaine, vive, du local et du global, du multiculturalisme et de l'universalité scientifique, reprend, à sa manière, le récit de la fameuse tour.
Construction de la tour de Babel, peinture flamande du XVIᵉ siècle, Sienne, Pinacothèque nationale.

— Descendons vers l'habitant qui se déplace : la ruelle qui borde son lit le conduit à l'escalier, puis au couloir qui l'amène au garage, d'où démarre sa voiture qui emprunte l'avenue, où se connecte l'autoroute, qui dessert l'aéroport d'où décollent des vols, pendant lesquels il téléphone à qui veut bien l'entendre ou reçoit du courrier sur son ordinateur portatif, branché à celui qui gît à côté de son lit.

Nul ne quitte l'intérieur : de l'hôtel, du bus, de la gare, de l'avion ni de l'hermétisme qui protège les messages : comme tout à l'heure pour les représentations, Villeneuve n'a pas d'extérieur.

Elle s'organise autour d'un seul ruban sur lequel le dehors se confond avec le dedans, rue qui va d'un sentier piétonnier à un large boulevard, ou, si l'on veut – je clique ou zappe –, vers une rampe d'envol, ou, selon un autre choix – je zappe ou clique –, à la ligne pour le fax, vers la radio ou la télévision... elle branche donc des moyens si divers – le corps, l'automobile, les ailes ou les ondes – qu'on peut dire qu'elle reproduit la courbe qui passe par tous les points de la variété où elle se développe, en pénétrant à travers des dimensions différentes.

— Quelle science! s'écrie Pia, faussement naïve.

— Chemin à options ouvertes, voici la rue Möbius, le cours Von-Koch – l'inventeur de cette courbe qui passe en tous points – et le boulevard Macintosh réunis.

Par cette unique voie, dont les carrefours se construisent de nos choix multiples, Villeneuve connecte tout lieu, concret ou abstrait, de ce monde ou d'un autre : elle met en relation des villes, des maisons et des bureaux entre eux, des femmes et des hommes entre eux, des sciences ou des informations, des idées ou des notions entre elles... mais aussi et surtout des villes avec des hommes, des femmes avec des affects, des bureaux et des idées...

— Voilà le chemin dont j'ai besoin, Pantope. Pourquoi les Anges passent partout? Parce qu'ils disposent de cette unique et universelle voie. Vous parlerez bientôt comme moi.

— La communication contemporaine casse tous les obstacles : nous savons relier des choses très différentes, des points à des mots, des espaces à des discours ou des choses à des signes.

— Voilà l'abstrait mélangé au concret jusqu'aux intimes parcelles ! Oui, le verbe se fait chair.

— On reconnaît un médium ancien à son réseau plat, qui connecte des stations de même nature et de même dimension : carte des voies romaines, stations desservies par une compagnie aérienne... voilà des schémas presque naturels, que l'on peut rapprocher des bassins fluviaux ; et, de fait, on prenait le char, là, ou on prend l'avion, ici, comme, ailleurs, le bateau sur les rivières. Une ville à l'ancienne, ensemble de rues, forme un tel treillis indépendant.

Le nouveau médium traverse des espaces de nature différente : l'étendue physique aussi bien que l'encyclopédie des connaissances, les pierres, les personnes et les langues, et nous fait passer du monde à l'esprit, de la terre à l'alphabet ou inversement.

Les anciens médias formaient un millefeuille où les cartes diverses, l'une sur l'autre empilées,

---

Certains lieux du monde ressemblent, parfois, à une bibliothèque dont les livres décrivent le monde lui-même. Empiler des feuilles distinctes, des portulans, des plans, des cartes, des réseaux... les uns sur les autres est plus facile que de les faire correspondre entre eux.

Existerait-il un monde, pourtant, sans ces correspondances ?

Comme nous commençons à réussir dans ces entreprises de connexions, habitons-nous, désormais, un univers, plutôt que d'épars départements ?

Ardoisière, près d'Alta, Norvège.

demeuraient séparées, isolées dans leur propre dimension, alors que la connexion actuelle perce verticalement cet empilage, ou pique à travers les variétés, afin qu'elles communiquent.

— Pantope, ici, la pantopie remplace l'utopie : décrites jadis par les voyageurs de l'imaginaire, les îles utopiques avaient leur site nulle part ; partout, bien au contraire, notre ville angélique !

Il rit de se sentir reconnu.

— Quand nous quittions la campagne ou la place centrale du village où nous vivions, le chantier où nous travaillions, nous demeurions jadis liés à un réseau particulier de transport. Nous pouvons désormais passer de n'importe quel point à n'importe quel autre.

On dirait qu'il existe partout un échangeur stable, universel et mobile, dont les nœuds connectent ce qui, autrefois, n'avait aucun rapport.

Invisible, Villeneuve cache, au moins, un double corps.

— Cité terrestre ? Éminemment, puisque au-delà des fragments locaux de terre, elle envahit la Terre globale, mers, continents, montagnes et atmosphère, donc la planète plus que l'humus dont nous tirions le nom d'hommes.

Cité céleste ? Oui encore, puisqu'elle envahit les hauteurs de la stratosphère et de l'espace planétaire, jusqu'à ses banlieues lointaines de Mars, Vénus et Jupiter, mais surtout parce qu'elle poursuit une carrière nouvelle, abstraite, scientifique et informationnelle.

Échangeur ou ville intermédiaire, en somme : purgatoire ou passage entre le paradis spéculatif des technologies et l'enfer chaud des travaux anciens.

Villeneuve à double corps bâtit-elle la maison des Anges ?

Faut-il récrire Dante ou saint Augustin ?

Le tronc d'un arbre

– celui de la connaissance ? –

s'enracine, à l'origine,

au milieu de la favela basse

et misérable, s'élève, droit,

et traverse la ville, pour épanouir

son rare et léger feuillage

parmi les gratte-ciel des quartiers

riches et hauts. Il suffit

de le suivre pour lire ce chapitre,

et le monde d'aujourd'hui.

— Les philosophes classiques jouissent de la distinction des choses et des signes, séparation qui interdit de reconnaître le monde d'aujourd'hui. Villeneuve industrialise les signes, fabrique des choses avec de l'information, construit l'univers avec du vent, ne reste pas matérialiste, sottement, dans la matière, mais, contre cette redondance, porte le matérialisme dans le logiciel.

— Ici, le verbe se fait chair, c'est-à-dire verre, acier, béton, machine, monde. Les techno-logies remplacent les techniques, pour incarner le *logos.*

— La population de Villeneuve ne se rend plus au travail, ni à l'usine, ni au bureau, comme l'on croit, mais à l'école, dès le matin, et l'enseignement ne s'arrête jamais, ni à midi, ni dans la nuit, où la télévision, la radio, les médias et les télécommunications, indépendantes des fuseaux horaires, ne cessent jamais de bruisser…

— Société pédagogique, Villeneuve n'obéit aux patrons ou aux hommes politiques que s'ils se font professeurs.

— La révolution industrielle atteint le règne de l'esprit, et transforme cette ville unique en cloître intellectuel.

— Quand le verbe, ainsi, domine et occupe la chair et la matière, jadis innocentes, il reste à rêver du temps paradisiaque où le corps, libre, pouvait courir et sentir, à loisir. La seule révolte viendra des Cinq Sens !

— Médiatrice donc inconcevable, partout et invisible, logicielle, pédagogue, stable par déplacements rapides – aussi vite que circulent automobiles, avions, satellites, émissions et messages, il en reste toujours, dans le mouvement, un nombre à peu près équivalent, qui fait la ville et dont elle bruisse –, réalisant les plus proches voisinages par distances immenses – je ne quitte jamais celle qui m'attend et dont j'entends toujours, où que j'aille, la voix ou vois le visage imagé : invariants par variations, nous bougeons sans bouger –, Villeneuve a bien son centre partout et sa circonférence nulle part.

Nous avons construit la ville-monde.

— Pour envahir l'espace, sans marge ni reste, risque-t-elle de perdre l'histoire, qui, autrefois, courait en avant, par explorations de terres inconnues ? La fin de l'étendue marque-t-elle l'arrêt de nos aventures ? Avez-vous remarqué que personne n'a de temps ?

— Ce n'est pas si simple. Ces propriétés spatiales supposent des mouvements violents, donc des forces énormes au travail, des réserves de puissance, pour les produire, ainsi que de savoir, pour les libérer. Plus que nos maisons, nous habitons nos sciences : la mécanique depuis l'âge classique, la thermodynamique, depuis le XIXe siècle, et la théorie de l'information en celui-ci.

— Engendré par l'écriture, le savoir scientifique et technique construit cette cité nouvelle, qui, en même temps, détruit ce qui, en elle, restait antique. Mieux vaut voir de très haut, en effet, les banlieues industrielles envahissant un espace croissant jusqu'à l'étouffement et l'agressif enfer des publicités violentes, ruisselantes, hurlantes de laideur.

— Vous exagérez, Pia.

— Jadis et naguère, dit-elle, nous avions placé notre espérance en la Cité de Dieu, parce que nous avions reconnu les constructions humaines assez méchantes pour se détruire d'elles-mêmes ou entre elles quelque jour. Voici du nouveau dans notre histoire : unique et indestructible, universelle, la nouvelle ville ne nous laisse espérer qu'en elle-même et dans ses performances ; que nul n'y entre s'il ne sait accéder partout. Or, le Paradis n'était jadis ressenti et pensé que comme l'ailleurs de l'Espérance inaccessible.

La plus sainte tradition ni le génie de Dante n'avaient prévu que nous saurions, un jour, passer partout, par des technologies semblables au rameau d'or.

Mobiles, errants, aventuriers, des hommes héroïques, demi-dieux ou fils de l'homme, devaient autrefois passer à travers des terres et des fleuves dangereux, les prairies d'asphodèles ou le feu de Dieu, franchir, de force ou de ruse, mille obstacles, ou bien avaient à effacer d'un trait la distance de la Terre au ciel. Il fallait, en tout cas, qu'ils bravent la mort ou qu'ils assurent leur salut par une vie de charité.

Désormais la ville même travaille pour tous. Verticale, Villeneuve, nouveau Purgatoire, atteint le Paradis, mais, pour cela, produit l'Enfer.

— Non !

— Si ! Ses sciences et ses techniques, son mouvement et ses forces, animales, musculaires, charbonnières, pétrolières, électriques, atomiques, la font occuper vite la totalité du sol et monter rapidement vers le ciel le plus élevé possible, par

A quel prix évaluons-nous les Anges volants, dieux ou habitants les plus hauts de la ville verticale hypertechnicisée…

Astronautes en apesanteur.

concurrences acharnées, compétitions, débats, émulation, rivalités, luttes, assauts, guerres, conflits permanents et meurtriers, dont les flammes géantes, qui alimentent et poussent son ascension croissante, précipitent vers le bas, par échappement, décombres ou scories, de plus en plus d'espaces et d'hommes, dépassés, battus, débordés, vaincus, convaincus d'erreurs, de fautes et de crimes, réduits à l'ignorance, à la misère, aux maladies et à la mort.

Villeneuve intermédiaire, lancée vers le plus haut comme une comète, produit un Paradis de plus en plus rare et de l'Enfer de plus en plus large et dense : des villes humaines détruites dans son sillage. Est-ce le bas de l'échelle ou le dénouement de la pièce ?

Inspirée, elle reprend :

Nos cultures ne contiennent aucun texte, littéraire ou religieux, pour chanter les Lamentations modernes, que j'essaie de psalmodier ;

agonisent, risquent de mourir, écrasées sous la vague démographique ;

combien de villages et de villes d'Afrique sous les tortures de la famine et les menaces d'épidémies ;

de villes d'Amérique, sous l'envahissement des favelas immenses, la croissance exponentielle, la délinquance prostituée de millions d'enfants ;
de villes d'Asie, sans services de voirie, envahies de rats et sous danger de peste ;
de métropoles du Bangladesh, sous déluges bibliques, sans digues ;
cent quartiers sans noms, sous l'extension du sida...
... Villeneuve elle-même, traversée, trouée, envahie par le tiers monde sous la forme du quart monde : chômage, drogue, pauvreté, indigence, misère, errance, saleté, délinquance, déréliction...

sous nos yeux, dans l'espace, voici Villevieille des Archanges, cité unique, elle aussi aujourd'hui, sommant d'un coup, intégrant, résumant les villes détruites du temps jadis de notre culture et de nos souvenirs, plus gigantesque encore dans l'espace que Villeneuve même, mêlée intimement à elle, sauf qu'elle ne peut prétendre monter aussi haut vers le ciel, voici donc, reparues, les nouvelles et antiques Troie, détruite, Jérusalem, démantelée, Rome, tombée, saccagée, ravagée, Constantinople, incendiée, Hiroshima, bombardée... comme bas et vieux quartiers de Villeneuve, voici surtout notre plus antique

histoire, immobile désormais, comme étalée dans l'étendue, pour une répétition générale, témoins désolés de l'ère où, soumis à l'empire de la vieille Nécessité, nous ne produisions pas scientifiquement nos malheurs.

Gelé, comme en une échelle dantesque, le temps de l'histoire se déploie maintenant, comme immobile dans l'espace.

Dans cette ville antique, agonisent nos premiers parents. Notre culture fondatrice, religieuse et archaïque, meurt de faim, de saleté, de maladie et d'abandon, parmi le chaos actuel et premier, que Villeneuve porte en elle et produit par ascension.

Voilà une réponse à la question, mon ami : de quoi parlons-nous, sur les réseaux qui forment l'univers ?

De cette mort primordiale, nœud de la tragédie.

— Ville de la plus féroce injustice ? dit-il.
— Oui, dit-elle, échelle de l'iniquité.

*G*uerre de Troie, sac de Rome, destruction d'Albe, de Jérusalem ou d'Athènes, incendie d'Alexandrie, prise de Constantinople... l'Europe se construisit, dans l'histoire et pour ses textes fondateurs, sur les ruines de ces villes primitives, toutes détruites...

... séisme à Lisbonne, feu à Londres, soleil à Hiroshima... cette histoire se perpétue-t-elle ?

Quelle Amérique fonda la disparition de la cité primitive pré-incaïque, Machu Picchu ? Sur quelles ruines vole la ville nouvelle et universelle ?

Maisons royales sans ornement, proches du quartier des prisons, Machu Picchu, à 2 000 mètres d'altitude dans les Andes, Pérou.

« *J*acob prit une pierre, la mit
sous sa tête et s'endormit...
« Alors, il vit en songe une échelle,
dont le pied était appuyé
sur la terre, et le haut touchait
au ciel, et des Anges de Dieu
montaient et descendaient
cette échelle.
« Il vit aussi le Seigneur appuyé
sur le haut de l'échelle, qui lui dit :
Je suis le Seigneur,
le Dieu d'Abraham votre père,
et le Dieu d'Isaac »
(Genèse, 28, 11-13).
L'Échelle de Jacob,
école d'Avignon.
Avignon, musée du Petit-Palais.

*L*es messages portés par nos voix
comportent, à leur base, un bruit
de fond, puis de la musicalité,
des sons, ensuite des phonèmes,
distingués selon la langue parlée,
enfin du sens...
pour quelle réalisation,
au plus haut ?
L'ensemble messager
de telles échelles sonores défait,
refait, construit sans cesse
notre monde, modelé par le verbe,
écrits et paroles.
Spectrogramme de la voix humaine.

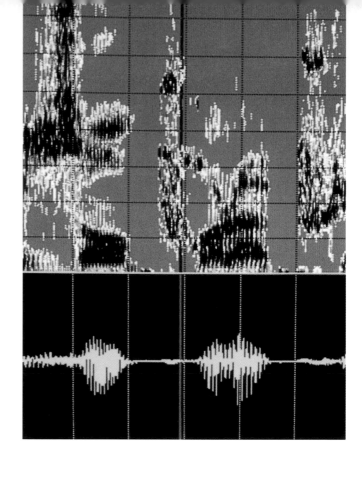

ÉCHELLE

Pia :

— Jacques, mon frère, rentre de Rome ; venez-vous, avec moi, le chercher ? Sa fille, l'accompagne ; elle aura manqué l'école... Nous la lui remplacerons.

— Non, je vais dormir pour tenter de réparer mon décalage horaire. Rendez-vous pour déjeuner.

Elle lui donne la clef d'une chambre, à l'hôtel.

Apparu au milieu de la foule, Jacques raconte son voyage, pendant que Pia tient la petite dans ses bras, en lui demandant si elle a vu des Anges.

*M*essager des dieux
de l'Antiquité, Hermès gît sur le sol
(en réalité, ce plancher bas
est peint sur un plafond) :
on le reconnaît à ses membres
épars et à son caducée.
Le Médiateur chrétien prend
sa place sur le socle.
Les jambes brisées, le corps déchiré,
Mercure et le Christ agonisent
tous deux.
Les messagers disparaissent devant
le message : leçon de leur passion
et de leur mort,
de leur désagrégation.
Au début de cet ouvrage, voyageur
et passager, Gabriel meurt,
de même : il apporte
toutes les lignes du livre.
Pia et Pantope parlent en écoutant
son silence ou en lisant
le texte qu'il leur donna.
Lauretti Tommaso (v. 1530-1602),
*Triomphe du christianisme
ou Exaltation de la foi.*
Stances de Raphaël,
cité du Vatican.

— Beaucoup, dit-elle, à demi endormie sur l'épaule.

Et Jacques :

— Au plafond de la dernière stance de Raphaël, au Vatican, une *Exaltation de la foi* brise en morceaux la statue d'Hermès, renversée.

— Le Médiateur remplace le messager.

— La multiplicité immense des Anges naquit-elle des membres épars de l'idole cassée ?

— Imaginons-le, mais je n'en suis pas sûre.

— Alors, disséminés, inévitables, ils remplissent l'espace. Rome en déborde : sculptés, en bas-relief, peints ou en ronde bosse, de toutes tailles, des deux sexes ou sans sexe, nus, à demi vêtus, exhibant leur genou, leur épaule, un cul, parfois, tout potelé de fossettes, immodestement pudiques, nourrissons en séries clonées de têtes ailées, adolescents, adultes longs et alors très sérieux, fonctionnaires même, ils passent par nuages, armées, légions, paquets, rafales, multitudes....

Que le Dieu unique s'entoure de dignitaires, qu'il y ait grande presse à sa cour, on dénombre toujours plus d'Anges, innombrables. J'en ai compté quatre-vingt-dix-sept dans et hors un retable, pourquoi diable cette somme-là ?

— Que fait donc le diable dans ce compte-là ?

— Préposés au maintien de l'ordre et de l'étiquette, ils s'égaillent en désordre. Les Anges chahutent l'unité de Dieu et la rareté des saints !

— Impensable !

— Pourtant si ! Leur chaos excède et traverse les bords des tableaux et des représentations : ensemble flou dont la foule borde et précède les expositions rituelles, les figures exemplaires, tout ce qui se voit ou se raconta.

Ils ramènent, refusent, soulignent, débordent le polythéisme païen...

— Hérétique, mon frère, dit-elle.

— ... conservé, domestiqué dans le catholicisme, monothéisme moins logique ou rigoureux que celui de ses concurrents ou réformateurs, mais d'une richesse anthropologique sans rivale. Le baroque de Prague ou de Rome s'entoure du chaos de leur désordre.

— Encore !

— De plus, s'ils laissaient choir tous les corps solennels et drapés qu'ils portent comme des ascenseurs, plaisantes seraient la bûche, la culbute, la dégringolade générales.

En rient-ils déjà, dans leurs plumes, les chahuteurs ?

Le mot *enfant* se dit d'une personne qui ne parle pas encore : gazouille, babille, murmure, chantonne... D'autre part, un ensemble bruit et une foule clame. Parmi cet ensemble de nuages, flocons fluctuants en puissance de tonnerre, les petits angelots ou *putti*, foule d'enfants rassemblés en paquets dispersés, figurent excellemment le tohu-bohu de fond qui précède toute communication. Jean Honoré Fragonard (1732-1806), *Groupe d'enfants dans le ciel*, Paris, musée du Louvre.

*L*a musique ainsi se nomme
parce qu'elle somme toutes
les Muses : elle additionne les Arts,
aucun n'excelle sans elle.
Support acoustique et condition
du sens, la musique vibre sous
nos dialogues, échanges,
passage des messages.
Elle bâtit notre corps,
avant que nous parlions ;
universelle, tous les collectifs
humains la pratiquent ; y aurait-il
un monde sans elle ?
Première en toutes transmissions
et tous ordres, nécessaire
à la beauté, elle unit les créations.
Sur le tableau, l'orchestre figure
du côté d'Ève ; symétrique
par rapport à Dieu, le chœur
chantant, lisant la partition
sur lutrin, se trouve du côté d'Adam.
La musique et le chant se placent
donc, à juste titre, sur la ligne
primitive, avec Dieu, le Christ,
la Vierge et nos premiers parents.
Van Eyck frères,
Polyptique de l'Agneau mystique :
Anges musiciens.
Détail de droite, en haut,
sur le polyptique ouvert.
Cathédrale Saint-Bavon de Gand,
Belgique.

— Avec eux, tu fis l'école buissonnière !

— Oui. Les messagers courent les grands chemins, les anges-voyous hantent les routes et enjambent les balustrades. D'en dessous, on voit toujours un bout de genou. Les gamins de la rue escaladent les colonnes, font des grappes autour des balcons, et débordent le service d'ordre : ils voient, sans payer, tous les spectacles, en riant des lois, leurs groupes inconstants fatiguent l'obéissance, l'espace est leur propriété, ils le tiennent par inondation, par ensembles croissants d'ondes et de nombres, par passages subtils à travers les interstices.

Hors les voies, les anges passent les murailles, franchissent les grilles des palais ou des prisons, endorment les geôliers, délivrent, délient les condamnés, ne connaissent ni les obstacles ni l'immobilité.

Invisibles, visibles, silencieux, éclatants, cachés, porte-lumière, ils ne volent pas seulement pour dépasser les seuils ordinaires, mais transgressent les fenêtres comme les perce le son. Leur corps prend sans doute la forme d'une onde.

— A t'écouter, tu les entendis…

— Oui. Le chahut mime-t-il le cri du chat-huant ou le tohu-bohu de chute d'eau du chaos ?

— Tu me casses les oreilles.

— La cohue du chahut déglingue l'harmonie pour revenir au charivari, désorganise l'ordre pour planer à nouveau sur les eaux premières.

— Passons au déluge…

— Par bonheur ou par miracle, Dieu n'arrive pas, lui-même, à mettre de l'ordre dans l'ensemble de ses Anges. Son esprit plane encore sur les ondes angéliques, comme s'Il n'avait pas quitté la minute inchoative du grand bruit. Anges dans les cathédrales : big bang des origines, gigantesque explosion du son et du nombre, silencieuse.

Dieu se présente partout en même temps sous forme d'absence ; profitant de cette lacune de l'ubiquité, les Anges y viennent, petite monnaie divine, lieutenants de cette absence.

Innombrables, leurs ensembles bruissent ; ils chantent et dansent en chœurs producteurs de clameurs et de vivats : tacites, ils rendent le bruit visible dans les tranquilles basiliques.

— On ne peut traduire le tumulte pour les yeux, voyons !

— Si. Ces anges font voir le bruit de fond du monde physique, celui du ciel et de la théologie. Ensuite seulement le son des psaltérions et des orgues.

Au-dessus de la rumeur, constante dans ses fluctuations, des autoroutes, nouées par échangeurs, autour de l'aéroport, ils entendent la basse chantante des successifs décollages, découpée par les barytons des atterrissages.

Venues des bars, des bribes de chansons leur parviennent, recouvrant les appels de départs et d'arrivées.

— Distingués de cette foule dont le nombre et la position figurent le chaos, certains Anges jouent de la trompe, de la lyre, du luth… ou chantent en chœur… alors que, plus haut encore, des

Archanges, rares, non plus anonymes, mais nommés, portent les messages, parmi lesquels un seul, dialogué, annonce que le verbe se fera chair. Une échelle se dessine ainsi, qui monte du bruit vers la réalité vivante, charnelle et personnelle, en passant par la musique, le chant et la danse, intermèdes obligés.

Au bas de l'échelle grouille donc la multitude des grandes rumeurs du monde dont le chaos prépare la musique, dont l'universelle harmonie précède le sens.

En retour, la chair venue du verbe descend vers la langue et celle-ci plonge dans la mélodie qui, parfois, se dissémine par le bruit.

Plongés dans le chaos, les Anges construisent, en chantant, la parole et le corps. Le multiple fluctuant monte, en procession, vers l'unité, qui redescend vers la mutiplicité, quand la chair se désunit dans les mots et ceux-ci dans le bla-bla-bla répétitif et sonore.

J'ai passé tout mon voyage à contempler ces ascensions et ces désescalades incessantes.

— Ton échelle de Jacob console de la précédente, mais paraît plutôt triangulaire, puisque, partie d'ensembles infinis, elle monte vers l'unité, par l'intermédiaire de raretés progressives.

— Effet de perspective, quand on la perçoit de la terre, ici-bas !

— J'en ressens les mêmes degrés dans le corps : la vie chaude y fait un brouhaha confus, dont le bruit se résout en musique intérieure subtile ; avec assez d'attention, j'en perçois la tonalité continue et singulière... Je puis ouïr la vocalise

*C*hez Van Eyck, la religion installe l'harmonie dans les prémisses de la création.

La géométrie lui confère, ici, une forme élégante et stylisée, en traduisant l'écoute dans le visuel, par l'intermédiaire d'équations différentielles.

Chaque monde présente donc ses figures.

Pia propose à Pantope une traduction de la représentation religieuse à la précision rationnelle, ou du *Polyptique* de Gand au modèle ci-contre et inversement.

Bien entendu, la figure prendrait une apparence plus chaotique, si intervenait le bruit de fond : par la même traduction, Pia obtiendrait, alors, pour la figuration, le tableau en pleine page qui suit.

Modélisation d'un son.

primitive de ma chair qui fait mon existence, mon temps, puis mon identité.

J'entends cela, donc je pense.

Cette échelle me construit. Je dois ne pas détruire mes bruits par des parasites extérieurs... par l'écoute de trop de musique... sur cette harmonie, souvent cassée, se construisent mes mots, mes verbes, la première phrase... je prie pour que s'y accroche la seconde...

— Mais où se trouve donc ton échelle ?

— Dans le monde extérieur, chaotique et ordonné, proliférant et sensé, harmonique et descriptible en formules algébriques.

— Du bruit de fond à l'équation unitaire ?

— Voilà pour la physique.

— Ensuite dans la conscience interne, de la biochimie des cellules à l'invention intuitive, de la brûlure vivante à la pensée.

Hors de moi et en moi, donc.

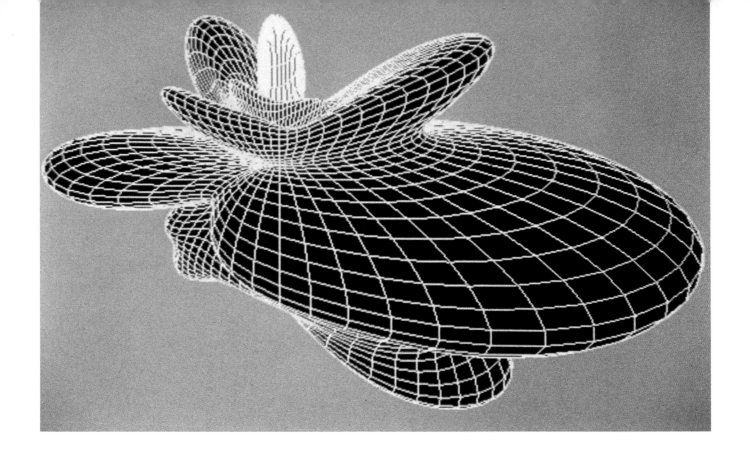

— Enfin, dans les réseaux techniques de communication et par les conversations, du brouhaha des pas-perdus aux dialogues et aux collectifs producteurs de nouveautés.

— J'entends, en effet, bruire les avions et la foule de l'aéroport.

— Sur čette échelle unique en quatre exemplaires, physique, individuel, technique et social, les Anges dégringolent et s'élèvent ; ils remplissent donc l'espace du monde et notre âme, nos productions et nos collectifs. Ils y nagent comme du fretin, en émergent ou y plongent ; comme des oiseaux, y volent. Ce faisant, ils modèlent et tissent, construisent et entretiennent…

— Quoi ?

— Le principe universel d'individuation ? En bas de l'échelle, innombrables et sans corps, non individués, les Anges en émergent, reconnaissables, en haut.

— Non, la transmission elle-même ne peut créer !

— Si : en transformant le porteur et le récepteur du message.

— Non, pourtant, car elle ne crée pas toujours : dispersés pour le chanter, les Anges peuvent cacher Dieu, Créateur et Bon.

— Pardon ?

— L'expression « je crois en Dieu Créateur », « *factorem coeli et terrae* », signifie, entre autres : « si je crois en la Création, seule bonne et toute bonne, donc divine », je ne peux croire à la transmission.

— Tu fais glisser le titre *facteur* du fabricant au transporteur.

— Multipliées, des légions de transmetteurs ou de commentateurs peuvent cacher la création, toute bonne et seule bonne, en s'abattant sur les champs, comme des nuages de criquets offusquant le soleil et dévorant tout le vif à leur passage.

La chute des Anges vient du passage de la création à la copie, de la production, divine, au

*U*n ordre émerge du chaos

désordonné…

la musique rabote les épines

du bruit et se lève, universelle,

au-dessus du tohu-bohu…

Les bons Anges sonnent

de la trompe, d'autres luttent

contre les mauvais, déchus,

et paraissent les fustiger ;

les mauvais grouillent, informes,

monstrueux, tombés du haut

d'un puits de lumière…

On peut choisir parmi

ces trois versions, dont

la différence paraît irréductible,

ou tenter de comprendre l'unique

vérité qui se cache sous

ces traductions : le livre qu'on lit

la recherche.

Bruegel l'Ancien (v. 1525-1569),

La Chute des Anges rebelles (1562 ?)

 Bruxelles,

musée royal des Beaux-Arts.

commentaire, vil, et aux transmissions parasitaires. La bonne nouvelle se passe de porteur, puisque le corps et le sang font le sens du message même. Créez : faites du sens avec la chair ou de la chair avec du verbe ; effort du corps, à mort. Dieu crée, le Diable ne crée pas, voilà leur différence : seule la Création distingue le Bien du Mal. Créer bonifie. Dieu est le Diable, au monde créé près.

— Montez l'échelle, évitez la chute !

— Le vivant qui remplace Hermès en morceaux, sur le socle que tu décrivais tantôt, périt sur les poutres du supplice : le médiateur agonise de l'origine à la fin des temps. Expirent ensemble les deux dieux, l'ancien et le récent. Si le message et la transmission ne meurent, ils ne portent pas de fruition créative.

— Belle, ton échelle de la création, divine et humaine !

— Si nous parlions la langue des Anges ? Unique, Dieu seul est Dieu. Les Anges annoncent-ils le monothéisme ?

Oui. Messagers, ils propagent partout la gloire du Dieu-Un, en rayonnant du centre vers la périphérie.

Non pourtant : monothéistes, nous restons, peuple hébreux ou paysans de la Garonne, des païens invétérés. Les Anges aussi ?

Oui. Gabriel, Raphaël et Michel, Archanges nommés, se détachent hors des hordes des saintes cohortes, pour combattre ou pour accompagner, prenant un rôle défini dans l'histoire sainte, de même que les dieux, si nombreux, se partagent

*E*xtrémité supérieure ou finale de l'échelle dont l'ascension, qu'on vient de voir décrite, par l'image ou par le texte, construit la parole : symphonique, convenante, accordée, orchestrale, composée de formes humaines et d'instruments techniquement raffinés, la musique entoure comme d'un halo le Verbe, lui-même chair et message, né de la femme, tous deux au centre.
Autrement dit : la musique s'entend moins qu'elle ne fournit une nourriture vitale, indispensable au corps et à l'âme.
Le Concert des Anges, école flamande, XVIe siècle.
Bilbao (Espagne), musée des Beaux-Arts.

les lieux. Passent-ils d'un régime divin à un autre ? Lucifer règne-t-il, ainsi, sur ces puissances polythéistes ?

Tout est divin pour le panthéisme. Cet arbre, cet astre sont dieux, tu es dieu, toi que j'aime et qui m'écoute. Panthéistes, encore, les Anges ? Certes, car en passant partout, en occupant chaque lieu, ils font voir en tous points le divin : ton gardien

qui te double comme ton ombre me fait voir que tu es dieu, comme le mien qui m'abandonne me le fait oublier tous les jours. Il existe tant d'Anges, en nombre dense, qu'on en trouve en chaque point, témoins de l'ubiquité divine.

— Voilà de la simple et sotte arithmétique : un, plusieurs ou tout. Les Anges chahutent cette logique naïve des nombres, appliquée à la théologie.

Habiles, ils se glissent sous la théorie des ensembles, traversent les murailles de la rigueur comme celles des prisons. Leur corps passe les limites, leur nombre se moque du compte, leur logique trouve trop rigide la raideur. Ou plutôt, ils habitent chaque étage distingué, mais

montent et descendent bruyamment de palier en palier, en noyant de leur nuage les étendues intermédiaires. Savent-ils se faufiler entre les dimensions ?

Ils témoignent donc du polythéisme devant le Dieu unique, affirment un seul dieu dans le paganisme, répandent le panthéisme partout, en chantant dans les campagnes… attestent le flou devant l'exactitude, représentent la loi homogène dans l'étendue dépareillée, cousent les haillons,

*A*u début du manuscrit, ce rituel de la Pâque juive illustre divers moments de la sortie d'Égypte et de l'Exode : Moïse se dresse sur le mont Sinaï, les tables de la loi à la main, prêt à les montrer au peuple hébreu assemblé au-dessous de lui ;

au-dessus, trois Anges ailés, sortant de nuées, soufflent de la trompette. Une même légende encore s'impose : ici, la musique collabore à l'émergence de l'écrit. La Haggadah enluminée (1583). Crète.

déchirent le monotone, femmes devant les hommes, mâles devant les femelles, souffles du monde, lumière des astres, vie des bêtes, esprits du langage, ils connectent le déconnecté, déconnectent le connecté, lient et délient les ordres entre eux.

Jamais irrationnels, ils chahutent la raison, toujours dans le droit fil de la logique et de l'exactitude.

Les Anges réussissent depuis toujours ce que depuis longtemps j'essaie de penser : un univers mêlé, flamboyant, rigoureux, hermétique et panique, serein et ouvert, une philosophie de la communication, traversée de systèmes en réseaux et de parasites, et demandant, pour se fonder, une théorie des multiplicités, du chaos, du chahut et du bruit, avant toute théorie.

— Explique-toi, dit Pia, ébouriffée.
— Une théorie déploie, en rigueur, un système d'idées monotone. Elle désigne, en grec, une procession : défilé de vierges boutonnées, en jupes candides, suite d'éphèbes glabres et graves ou de vieillards en enfance, adonnés à quelque rituel ; exposé, mise au pas, foule douce.

A la rigueur, les Anges savent s'arranger ou s'aligner, former des théories ou s'exposer ; mais en général leur désordre forme une pré-théorie : un stock éparpillé en attente du système.

Avant la turbulence ordonnée ou après elle, règne la distribution des aléas.

Sous le préau, le chahut de la récréation précède la cloche et la mise en rangs devant la porte de la classe ; un deuxième son de cloche, à la fin des exercices, rompt les mêmes rangs et la clameur reprend.

— Cela va beaucoup mieux, souffle Pia recoiffée.

Les Archanges portent l'annonce de chair et parlent, issus d'un espace où chantent des Anges qui eux-mêmes passent, venant d'un autre espace où d'autres Anges, par des trompettes ou sur des luths, produisent une musique divine, émanés encore d'une étendue ensemencée d'un bruit produit par des myriades d'angelots...

Sur cette fluide échelle, Dieu, unique, n'arrête pas de se défaire en plusieurs dieux, idoles ou idées, dont la différence ne cesse de s'unifier en un seul Dieu. Les Anges, le monde, toi et moi, les hommes, l'histoire descendent et remontent ce flux.

Avec la pesanteur, nous descendons toujours vers le polythéisme. Les Anges nous le font voir et, ainsi, nous en défendent.

Pia reprend :
— Puisque tu as si bien construit l'échelle douce du Verbe, puis-je te poser une question ?
— Dans quel piège veux-tu me faire tomber ?
— Aucun. Voici : nous parlons des langages divers, français, italien, espagnol, portugais... puis, en chaque langue, nous exprimons nos métiers, le charpentier, le marin, le fleuriste, le cuisinier, comme l'astronome ou le préparateur en pharmacie, disent des recettes, des plantes, des allures ou des poutres... si précises que les étrangers à la profession, parfois, ne les comprennent pas ; descends, maintenant, aux désirs de

chacun, aux ordres criés par le patron, aux
manières diverses de dire l'espérance, la loi, la
crainte, le vrai, l'amour, la demande, la haine…
— … cela fait une mosaïque très compliquée
dont le foisonnement est la matière même de
l'écrivain.
— Puis-je rêver tout unir, d'un coup ?
— Pour parler en langues, comme au jour de
Pentecôte ?
— Pas ainsi, mais autrement ; essayons de former
une somme.
— En quel dialecte la diras-tu ?
— En clair ! Quel acte étrange de langage relie
donc ou faufile, par des liens, des bras, des ponts,
des relais, fluctuants ou stables, comme en une
nappe dénouée flottante, tous les autres états de
la langue, par exemple :
l'apaisement parmi le silence blanc, le désert, la
nuit ;
l'écoute patiente et ouverte, perçant infiniment
toute mutité ;
la noyade dans la mer du bruit de fond insensé ;
le feu, la chaleur de vie ;
la chaos des clameurs folles, le rugissement
rauque consécutif à la blessure, la sauvagerie de
l'appel, la cruauté imposante du besoin, les
pleurs plaintifs du désir ;
l'intuition nouvelle et le rythme qui vient ;
la psalmodie dont le tempo se répète et qui bat
contre le mur sa tête ;
la mélancolie de l'élévation musicale ;
la construction du chœur en fusion ;
l'exigence suraiguë de communication dans le
dialogue ;

*E*ntrée de la communauté
humaine ou de l'Église primitive,
figurée par les Apôtres,
dans l'ordre et le concert des Anges.
La liturgie ecclésiale
a pour définition, fin et but,
d'imiter les gestes, les danses,
la musique, les chants, les paroles,
les actes des Anges,
en présence de Dieu.
Enguerrand Charonton
ou Quarton,
Le Couronnement de la Vierge,
1453, détail, école d'Avignon.
Villeneuve-lès-Avignon,
musée de l'Hospice.

la perte abyssale de soi dans l'Autre présent ou
absent ;
la volonté de séduire et de dire enfin vrai ;

mais aussi et en revanche,
l'aveu du secret ;
le désir et l'émotion bouleversée ;
l'émergence, l'expression, la présence et la constitution du corps et de la conscience au moyen
du son et du sens à l'état naissant ;

l'accompagnement rituel de la gestuelle, de la danse calmement tournante aux plus frénétiques convulsions ;

la performance chorégraphique totale du corps dans toutes les dimensions du monde ;

la contemplation des choses objectivement décrites ;

la désignation exacte et lucide des faits tels quels ;

l'assomption du futur dans l'histoire globale, de la création à la consommation des siècles ;

la magnificence du présent et l'enchantement du temps ;

la foudroyante brièveté entre le maintenant du dire et l'heure de la mort ;

l'appel des proches, des autres, du voisinage, de la fédération hominienne ;

l'évocation pathétique de l'exil…

quel état étrange du langage associe, d'une seule et unique émission, que l'on pourrait donc nommer universelle, tous ses statuts connus et repérés, y compris

la demande et l'offrande, le don, l'échange, le remords, le regret, le pardon, l'option souhaitée ;

l'abandon amoureux de la bonne volonté ;

la formalité juridique, l'excellente rigueur des preuves formelles ;

l'acte performatif ;

la formation du réseau collectif par les plus intenses solitudes… ?

Reconnais-tu donc la somme intégrale des actes du langage ?

— Non.

— Laisse-toi aller à la *prière*.

Comment comprendre cette dernière, puisque, compréhensive, elle enveloppe, de la totalité de sa langue, l'ensemble du réel, moi, les autres, le monde, l'histoire et Dieu ?

— Indique-t-elle, en somme, la façon d'écrire la philosophie ?

— En construisant le verbe à partir de ses débuts élémentaires, on parvient à sa fin, c'est-à-dire à la somme que l'on nomme la prière.

Sais-tu que la définition la meilleure de la liturgie recommande d'imiter les Anges ?

— Les stalles des moines forment une échelle horizontale, conclut Jacques, en riant.

— Parce qu'ils construisent le Verbe : qu'ils cha-hutent, font du bruit, chantent, dansent, jouent de la musique, parlent, dialoguent, annoncent, participent enfin à la création de chair… les Anges ne cessent de prier.

— De philosopher ?

*L*e mot français *moine* dérive du grec *monos*, qui signifie *seul*. Comme ces religieux vivent en communauté, les dictionnaires historiques soulignent l'étrange opposition entre cette pratique et l'origine du titre. Or, puisant à la même source, le philosophe Leibniz appela *monades* des éléments solitaires, sans rapport avec quiconque, sinon avec Dieu, et pourtant constitutifs du monde. Voilà définis, et sans contradiction, l'ordre mécanique et la vie sociale, comme la clôture monastique et religieuse : ceux qui se séparent s'entendent au mieux. A qui s'adressent les messages les plus efficaces pour nous rassembler ? Aux autres ou à un tiers, mais transcendant ? Matines dans un monastère. La chartreuse de la Valsainte, Suisse, 1991.

la chute d'un ange

max ernst

Porteur du message,

le messager apparaît...

mais doit aussi

disparaître ou s'effacer,

pour que le destinataire

entende la correspondance

de l'expéditeur, et non l'envoyé.

Qu'il prenne trop d'importance,

voilà qu'il détourne

le canal de transmission

à son profit.

Nous pouvons donc comprendre

la chute et le péché des Anges,

intermédiaires normalement

fidèles, par le fonctionnement,

réussi ou non, mauvais ou bon,

de la messagerie.

Max Ernst,

La Chute d'un Ange, 1922.

Krefeld, coll. Ernst O.E. Fischer.

*F*ra Angelico, *Annonciation*

(seconde scène de l'*Armadio*

degli Argenti), vers 1450, tempera.

Florence, musée San Marco.

APPARITIONS

Jacques, ironique :

— Et la chute des Anges ? Dégringolent-ils l'échelle ?

Pia, très sérieuse :

— Ne confonds pas la construction d'un ordre, d'un sens ou du Verbe, avec la hiérarchie de puissance que la Ville neuve et ses Messageries déploient ; tous nos crimes viennent du désir de pouvoir et de gloire, alors que les Anges pèchent en leur rôle messager.

— Quelle indélicatesse peut commettre l'intermédiaire ?

— S'il ne se contente pas d'un courtage ou du pourboire, le coursier qui porte de l'or ou de l'argent peut en prélever une partie.

*H*umble, fidèle, la vitre de verre laisse-t-elle passer les rayons du jour... ou le dessin ouvragé, les couleurs, la beauté du vitrail changent-ils, comme un prisme, la lumière blanche du soleil dans le spectre étalé de sa secrète composition ? L'Annonciation, sujet traité, comme son support, carreau ou fenêtre, vasistas... évoquent, ensemble, la même question de l'intermédiaire : trop magnifique, il peut intercepter le message ; discret, il ne le fait plus entendre. Doit-il apparaître ou disparaître ? Les deux ? Comment ? *Annonciation*. Vitrail gothique de la fin du XIIIe siècle. Autriche, monastère de Klosterneubourg.

— Au voleur !

— Ce pourquoi certaines valeurs se négocient « au porteur », alors que nous en protégeons d'autres par la signature.

— Pour les défendre des commissionnaires eux-mêmes ?

— Le chasseur qui transmet un message peut en retenir l'information.

— Parasite !

— Ainsi nous fermons les lettres ou codons les dépêches pour les protéger des indiscrétions.

— Plutôt des intercepteurs !

— L'interprète peut obstruer la conversation.

— Traître celui qui traduit, dit-on aussi.

— Le représentant, quant à lui, peut se faire passer pour l'autorité qui l'investit.

— Tout en avant du cortège, le petit tambour se prend pour l'empereur !

— Le mensonge le plus courant et le moins grave, car le plus tangible et repérable, n'affecte que le contenu des messages : naïf... tandis que celui dont nous parlons, invisible et plus pervers, change, incline et tord le canal lui-même.

Parce qu'il tient ce chemin de communication, le mandataire ou le délégué ment mieux que le menteur et trompe plus que le fourbe, quand il prend la puissance et la gloire de son commettant ! De plus, il reste invisible, puisqu'il n'apparaît que pour parler d'un autre.

— L'Ange se ferait passer pour Dieu ?

— De quelle manière contrôler la traîtrise, le parasitisme... cette somme de mensonges par obstruction des messageries ? Voici une déontologie des messagers : comment ne pas voler la chose transmise ?

— A faute facile, éthique difficile !

— Réponse : en s'effaçant humblement derrière le message. As-tu, parfois, parlé à quelqu'un dont tu ne parles pas la langue et qui n'entend pas la tienne, en utilisant les services d'un interprète, glissé, en tiers, entre vous ? Tout à coup, l'entretien s'accélère, s'installent l'aise et la facilité, lui et toi ne vous adressez plus au truchement, mais vous regardez en face, sans plus savoir qui parle et répond, pendant que disparaissent le corps, la voix et les intonations du traducteur, soudain fondus dans la transmission immédiate. Advient l'impression de comprendre l'incompréhensible et de l'approcher à le toucher ! Cette fusion de l'intermédiaire approche l'expérience mystique.

— Celui qui transporte ne doit-il jamais paraître ?

— Il faut cependant que celui-ci paraisse et parle, pour délivrer le message ! La messagerie produit l'effet pervers, elle-même, non la perversité des individus.

Car la même loi vaut pour la langue : les critiques l'emportent sur les auteurs ; et pour la musique : riche, l'interprète, misérables les compositeurs ; ainsi pour les fruits et légumes : pauvre, le paysan producteur ; opulents, commerçants et transporteurs... et, avant tous, les publicitaires...

La voici en général : une circulation se fluidifie d'autant mieux dans un canal vide ; qu'il se remplisse, au contraire, et s'encombre, le parasite qui le bloque prend une importance énorme. Dans le monde des communications, le pouvoir appartient à ceux-là mêmes qui le grippent.

— Angélique, mais fragile, la messagerie tombe donc aux mains des Anges déchus ?

— Les bons Anges passent, en silence, nous les oublions ; les autres apparaissent et deviennent nos dieux.

— Comment ?

— Il existe mille machines à fabriquer les faux dieux.

— Lesquelles ?

— Nous y arrivons. Si le transmetteur fait son travail, il disparaît ; son importance vraie dépend de son anéantissement et la fausse de sa présence : paradoxe étrange.

— On dirait que le faux et le vrai clignotent, dans la nuit, comme les phares à éclats ou occultations : présence, absence, encore présence... existence, inexistence...

*P*our s'assurer de l'authenticité de sa mission de sauveur, Gédéon demande une preuve à Yahvé : que la rosée ne tombe que sur une toison de laine, pendant qu'alentour le sol reste sec et que, le lendemain, à l'inverse, la terre se mouille, sauf cette toison. Les deux signes confirment l'appel à libérer le peuple du joug des Madianites (Juges, 6, 36-40).

L'Ange et l'eau apparaissent, intermédiaires.

Le Miracle de la toison de Gédéon, peintre provençal anonyme, v. 1490.

Avignon, musée du Petit-Palais.

— Les Anges sont donc ce qu'ils ne sont pas et ils ne sont pas ce qu'ils sont. Les philosophes dirent cela de la conscience : mime-t-elle notre Ange gardien ?

— La relation va donc plus profond que l'être.

— Bien sûr. Nous parlerons, je l'espère, des Anges gardiens !

— Dans un monde où la messagerie domine, ceux qui la font marcher peuvent l'interrompre ; nous en évaluons l'importance lorsqu'elle s'arrête.

— Alors, elle ressemble fort à une machine à fabriquer des dieux.

— Il y a donc de fortes probabilités pour que les vrais messages ne passent pas. L'univers des communications dérive alors vers l'illusion, la drogue ou l'enchantement. Nous ne nous en délivrons qu'en inventant de nouveaux canaux, qui, pour les mêmes raisons, se bouchent aussi vite. Ou par une morale héroïque.

D'où éclate la différence entre les bons et les mauvais Anges : l'humble disparaît devant le message ; l'autre, pour lui prendre son importance, apparaît.

Du coup, la Bible, au passage que je cite, et ailleurs souvent, montre le mécanisme de la machine à fabriquer les dieux du polythéisme.

— Les faux dieux se fabriquent-ils par apparition ? Où *faux* se prend au sens de qui ment à la fois sur la valeur et le canal.

— Lis donc : le texte sacré tremble, hésite, clignote entre la voix de Dieu et celle de l'Ange ; il fait donc entendre et voir l'écart minime entre l'apparition nécessaire et la disparition obligée

de l'intermédiaire ; ce pourquoi adviennent les visions, souvent, pendant le sommeil et sous le doute des rêves, autre manière de montrer que Dieu ou l'Ange s'évanouissent en se faisant voir et inversement ; oui, l'Ange du Seigneur apparaît pour disparaître mieux devant la parole du Seigneur, qu'il porte en s'effaçant pour qu'elle apparaisse, en lui laissant la place, à son tour.

Que des lieutenants, fixement, demeurent à cette place, sans cette légèreté vibrante, et voici que la machine, grippée, produit de faux dieux.

La Bible, en ces textes, exprime donc à merveille le problème simple des messageries.

Je crains même d'en avoir trop dit en parlant de morale : aucun réseau ne marche sans cette condition. L'éthique se réduit, ici, à la technique et la responsabilité au fonctionnement.

Jacques attaque, de nouveau :

— Présent partout, Dieu peut se présenter, çà et là, s'Il le veut : pourquoi envoie-t-il un Ange ?

L'annonceur ne se multiplie pas en millions de personnes, lorsqu'une immense foule de télé-spectateurs le regarde et l'entend à l'écran : la même image se répète et propage le même son. Nul besoin d'envoyé pour parler à sa place, là ou çà : le canal le porte partout de soi-même.

Du coup, nous ne savons plus si l'Archange, nommé, ou l'Ange anonyme, existe individuel-lement, ou s'il exprime un attribut de Dieu : sa beauté, sa gloire, sa voix ou sa lumière d'arc-en-ciel.

Pia plisse les yeux, éblouie :

— Lorsque j'expose mon corps, sur une plage, aux rayons du soleil, dis-moi si j'en reçois les rayons, droits et distincts, qui, sur des millions de kilomètres, portent ses messages de lumière, de chaleur et d'énergie, ou si je fais ma couche dans l'astre lui-même, comme si j'entrais dans son fruit composé d'un noyau plasmatique et d'écorces successives : fcu, clarté, couleurs et vie ? Lorsque son texte hésite ou clignote entre les

*Q*ui dira si un bain de soleil, pris, par exemple, sur une plage, plonge le corps dans l'astre lui-même dont la lumière fait partie, ou s'il l'expose à des rayons intermédiaires, issus de la masse de l'étoile et venant, de loin, jusqu'à lui ? L'infini éloignement d'un Dieu transcendant nécessite des Anges ou des transmetteurs rayonnants ; alors que l'immanence s'en passe.

M PRETEREVNDO CAVE NE SILEATVR AVE

Fra Angelico donne à l'Ange,
au moment où il annonce,
deux ailes tigrées, nuées, chinées…
en somme déployée des couleurs.
Le mâle devine la conception
féminine par son analogue
imparfait de langue :
avant de parler ou d'écrire,
lorsque l'auteur croit avoir à dire,
son corps, comme amoureux,
s'élève et tremble d'arc-en-ciel.
Il ne sait encore pas où il se posera
ni dans quel sens il ira
ni dans quelle teinte il se colorera.
L'état corporel, qui précède
l'entrée d'une idée
dans son expression dite,
commence dans l'aurore boréale
d'une sorte de totalité
en éventail déployé, accompagnée
d'une telle émotion que le mot
même d'émotion, le corps
l'expérimente par le mouvement
de vol haut, ravi et suspendu
qu'il désigne. D'où ces ailes
qui battent comme celles
d'un oiseau voletant au point fixe
sans encore décider de direction,
et se couvrent de toutes les teintes
dont seule une restera.
Voilà ce que voit l'intuition
avant la vue de la chose.
Florence, musée San Marco.

réponses ou de l'Ange ou de Dieu, la Bible dit-elle : ou rayons solaires ou bain ?

— Le compte calcule la distance, immense, de la Terre à un point dense et abstrait où se concentrerait le poids du Soleil...

— ... mais nous, terriens, terreux, enfants charnels et pathétiques, savons bien que notre sol et nous gisons, corps et biens, à l'intérieur de sa boule rouge, blanche et bleue de flammes, de vision et de gloire diurne.

— Les savants parlent de radiations...

— ... mais nous savons que nous vivons plongés dans sa piscine vive de translucidité.

Aussi infiniment transcendant que nous paraisse Dieu, nous baignons quand même dans son immanente haleine.

En rigueur, il n'a pas besoin d'Ange.

Ironique, Jacques :

— Or donc, de qui parlons-nous ?

— D'une lueur diaphane ou épiphanique…

Elle se retourne brusquement et montre du doigt une *Annonciation* de Fra Angelico, affichée dans la salle d'attente.

— … de la troisième personne.

— Par rapport à qui ?

— Surprise, face à lui, advenu comme brise subite, Marie entend l'annonce, assise à la droite de qui regarde l'image. La scène suit le sens de l'écrit, lisible, chez nous, à partir de la gauche. Seules nos paroles nulles courent n'importe où ; quand elles ont un sens, elles conçoivent ; et si elles conçoivent, elles ont ce sens, et lui seul : le Verbe se fait chair.

— Nos seuls discours qui vaillent pénètrent le corps féminin.

— Nos phrases habiles sollicitent le corps masculin.

Il se tait, surpris ; elle reprend, contente, car elle aime la symétrie :

— Elle s'incline devant l'Archange, qui s'incline devant elle, qui montre à Gabriel le même respect qu'il montre à la femme, qui se penche, donc, légèrement, vers le survenant qui, en retour, se penche, subtilement, vers son hôtesse, qui attend, inquiète, le message étrange de celui qui, attentif à Marie, écoute la réponse de celle qui fut annoncée…

— Tu me donnes le vertige.

— Que révèle cet équilibre bouclé des attitudes, épaules, buste et cou déclinés ?

Qu'une mortelle ordinaire, occupée à ses usages quotidiens, s'incline humblement devant la créature inattendue, exceptionnelle et sainte qui lui porte, à elle, indigne, le verbe de Dieu... et que l'Archange majeur, de son côté, s'incline humblement devant celle qui, en ce moment même, devient, en son sein, la mère de son Dieu... que cette reine en attente respecte le signe divin, porté par le messager attentif... qui respecte la conception divine, reçue par la Vierge... qui se penche vers l'appel de Dieu... annoncé par qui se courbe et fléchit devant la réalisation charnelle de Dieu…

Visibles et figurées, ces réciprocités révèlent, en leur va-et-vient sans fin, une troisième présence, immense, invisible et sans figure.

— Laquelle ? Qui ?

— Dieu couvre la scène de son ombre claire :
sous l'apparence et l'image des deux personnages, tout se passe comme si Dieu soi-même se
trouvait face à Dieu, en puissance du côté de
l'Ange parce que verbal, en acte et fin de sens
dans l'utérus de la femme. Nos yeux de chair
voient Marie et Gabriel, mais la foi contemple, en
esprit, l'Apparition face à l'Incarnation.

Dieu-verbe se fait Dieu-chair. En traversant de sa
transparence le colloque angélique et marial, la
tierce présence envahit de sa réalité compacte les
figures : deux saints prient pour qu'Il s'incline
devant Soi. L'Ange et la Femme disparaissent,
quoique visibles.

L'Archange semble ne pas regarder la figure de
la Vierge qui, sûrement, ne dévisage pas la face
de Gabriel, le Tiers présent éblouissant leurs
yeux, miraculeux d'attention surnaturelle, et
quiètement fixés sur Lui.

Le présent s'immobilise pour l'éternité.

Nos propres paupières se dessillent, alors, à la
vue et en présence de la figure transfigurée.

Nous contemplons, extatiques, la beauté divine
que tous deux admirent. Nos regards suivent
l'étrange direction du leur, hors du champ, hors
les figures du tableau, mais dans leur sens
figuré ; ils découvrent le sens propre !

Jacques, méprisant :

— Les Anges sont des êtres fictifs.

Pia, docte :

— Prends-les au sens figuré. Entends-tu la parenté latine de ton adjectif : fictif, et du mien :
figuré ?

Mais quittons la figure pour parler, proprement,
de nous.

Elle se tourne et s'adresse à lui :

— Si je te respecte, je m'incline devant toi. Pourquoi ? Lorsque tu me parles, je penche doucement mon buste, mes épaules et ma tête vers toi,
je cherche, les mains pacifiées, croisées, à écouter
ta voix, je me laisse traverser par le sens que tu
jettes vers mon corps.

Et si je m'adresse à toi, tu te courbes à ton tour
et fléchis vers moi la colonne de ta posture, ta
bonne volonté se laisse traverser par le message
que je te lance.

Il faut expliquer, pour le produire, ce contrat de
paix mutuelle sans lequel aucun dialogue ne sau-
rait même commencer ; ni le souhait pieux ni la
bonne volonté pure ne peuvent le faire naître ni
le maintenir...

— D'où viendraient-ils ? Toujours aux aguets,
puissante et renaissante, chevillée à nos corps, nos
collectifs, nos villes et nos travaux de tous ordres,
la violence veille à sa rupture permanente.

Je ne te respecte pas si aisément ; ma culture
propre ne tolère pas la tienne, qui ne supporte
pas la mienne ; personnel ou sociétaire, l'autre
vient de l'Enfer et y va. A deux et deux seuls, le
dialogue, toujours, s'effondre dans la guerre, ins-
tallée en tiers de manière perpétuelle, pour la
puissance et la gloire d'un seul de nous deux.

— Le contrat n'advient que par la présence
constante d'une autre instance, troisième. Je ne
demande pas que tu me respectes, car je sais bien
que j'en suis indigne, mais, en ce moment, ma

L' éventail des rides du sourire

attire la sympathie de qui résiste

encore aux dires de l'ami ;

l'autre l'intéresse

d'un geste des doigts.

Mais rien ne vaut

une bonne histoire,

un coup fumant, quelque fait

sensationnel, qui n'a rien à voir

ni avec moi ni avec toi.

Rien ne vaut un troisième

entre nous : nous ne vivrons

ensemble, vraiment, que par lui,

avec lui et en lui.

La tierce personne précède

les deux premières.

parole ne te parle pas de moi, mais d'une autre chose vers laquelle je fais signe : accompagne donc du tien, s'il te plaît, mon regard vers elle. J'écoute ta voix qui me parles d'un autre que toi et moi ; je vois ton visage rayonner de ce dont tu me parles.

Je respecte en toi cette présence absente : Dieu derrière toi, lui donne son nom global.

— Quand la parole ordonne, méprise, apostrophe ou insulte, tue, reste-t-elle stérile ?

— Elle ne laisse derrière elle que des cadavres.

— D'où peut venir, alors, sa fécondité ?

— Réciproque, elle conçoit, construit, passe du sens à la chair, fait naître.

L'humilité seule produit cette symétrie : transparent par rapport au verbe qu'il porte, l'Ange se

prosterne devant celle qui fait déjà l'objet du culte d'hyperdulie, qui se prosterne avec résignation devant le destin annoncé par le verbe messager. En frères angéliques, ils s'humilient tous deux devant Dieu. Elle s'incline, aussi bien, devant l'enfant que, déjà, dans son ventre, elle-même porte, et lui devant la parole que lui-même apporte.

Lorsque nous parlons, nous nous effaçons devant le sens que notre discours transporte. Pour Fra Angelico et le colloque angélique, Dieu est le sens ; lorsque nous nous entretenons, le sens devient Dieu.

Alors surviennent plusieurs bonnes nouvelles : beauté, invention, nouveauté, temps inattendu... les fructifications de la paix.

Loin de nier toute règle,

un tricheur en suit une autre,

lointaine, peut-être,

mais plus impitoyable que l'usuelle :

si le joueur loyal risque seulement

sa mise, l'autre met en jeu sa vie,

car, s'il se découvre

maladroitement, ses partenaires

lui couperont le cou. Qui,

invisible, accompagne le premier ?

L'Ange gardien de la loi.

Le second ?

L'Ange de la mort.

Seuls vraiment ignominieux,

les tricheurs toujours assurés

de leur sécurité :

par exemple, ceux qui parlent

sans responsabilité.

Georges de La Tour (1593-1652),

Le Tricheur, 1635, détail.

Paris, musée du Louvre.

*B*artolomeo di Bologna,

Panégyrique de Bruzio Visconti,

Zoroastre et Dialectique.

Chantilly, musée Condé.

GARDIENS

— Tiens maintenant ta promesse, Pia : je ne crois pas aux Anges gardiens, reprit Jacques, en se retournant brusquement, comme pour surprendre une ombre.

Naïve image pour enfants sages !

— Je relis, aujourd'hui, le plus beau des romans de Giono : *Les Grands Chemins.*

— Une histoire de bandit ?

— Non. Erre sur les routes et les sentes de montagne, l'auteur en première personne, dans son pantalon de laine rêche, muni de la pipe et du couteau, continûment flanqué d'une sorte d'Artiste… ainsi nomme-t-il un bohème rencontré au coin du bois, dont le sobriquet dit le talent : tricheur au poker, adroit aux tours de cartes, fraudeur au caractère et au regard odieux.

— Parasite, écornifleur, encore ?

— Il se chauffe, dort et mange aux crochets du narrateur, vite devenu, en effet, son hôte et un infirmier assez dévoué, pour le défendre et le soigner jusqu'au dernier danger, quand, à la suite d'un monstre coup d'arnaque, les perdants, découvrant la supercherie, le matraquent et lui cassent la gueule et les doigts.

— Pique-assiette ?

— Pas si simple ! Il pousse le lecteur à demander à l'auteur : d'où vient, Giono, ce besoin d'un tel filou à tes côtés qu'il semble qu'il y aille de ta vie quand tu cours le protéger ? Autant qu'il vit de toi, on dirait bien que tu ne peux survivre sans lui.

— Symbiotes ?

— Eh... Avoue que tu n'as pris la route à l'aventure que pour filer ce fantôme fascinant que tu poursuis jusqu'à la dernière nuit où, dans une forêt sombre, après un parcours spiralé où ta trace finit par se confondre avec la sienne, au milieu de buissons noirs, aveuglément, tu lui décharges le fusil en pleine poire, juste avant qu'il ne soit – que tu ne sois ? – pincé par la maréchaussée.

— Jumeaux ennemis ?

— Malgré ces ténèbres, l'auteur des *Grands Chemins* voit que la critique, comme la police, toujours associées entre elles, détectives toutes deux, traquent sans décence la vie privée des créateurs, mais arrivent toujours en retard.

— Parasites, de nouveau !

— Voyeurs, indiscrets, indignes, les enquêteurs ne doivent savoir les vrais secrets. Donc avant que les gendarmes ou les théoriciens ne mettent les pieds sur les lieux, ténébreux, vite fait, bien fait, l'artiste tue l'Artiste.

— Homonymes ou identiques, ma sœur ?

— Choisis, mon frère. Change de livre et d'auteur, maintenant. *Le Neveu de Rameau* accompagne Diderot...

*L'*arnaqueur… le créateur…
cachent un trésor dont le public
ne connaît jamais le contenu.
Ce chapitre ouvre le panier
que l'acteur porte à sa gauche,
et que ne voient pas
les dix badauds,
fascinés par la muscade,

boule en liège
pour les tours de passe-passe,
que l'acteur montre entre le pouce
et l'index de la main droite.
Jérôme Bosch (1450-1516),
Le Prestidigitateur.
Saint-Germain-en-Laye,
Musée municipal.

— Encore un double ?

— Il l'a trouvé dans un cabaret, puis a conservé, sa vie durant, la conversation qu'ils eurent. Les manuscrits dont on ne se sépare pas valent des confessions, n'est-ce pas ?

— Lequel se confie à l'autre ? Lui ou le plus proche parent du plus grand artiste du temps ?

— Mon frère, choisis.

— Qui es-tu, qui suis-je ?

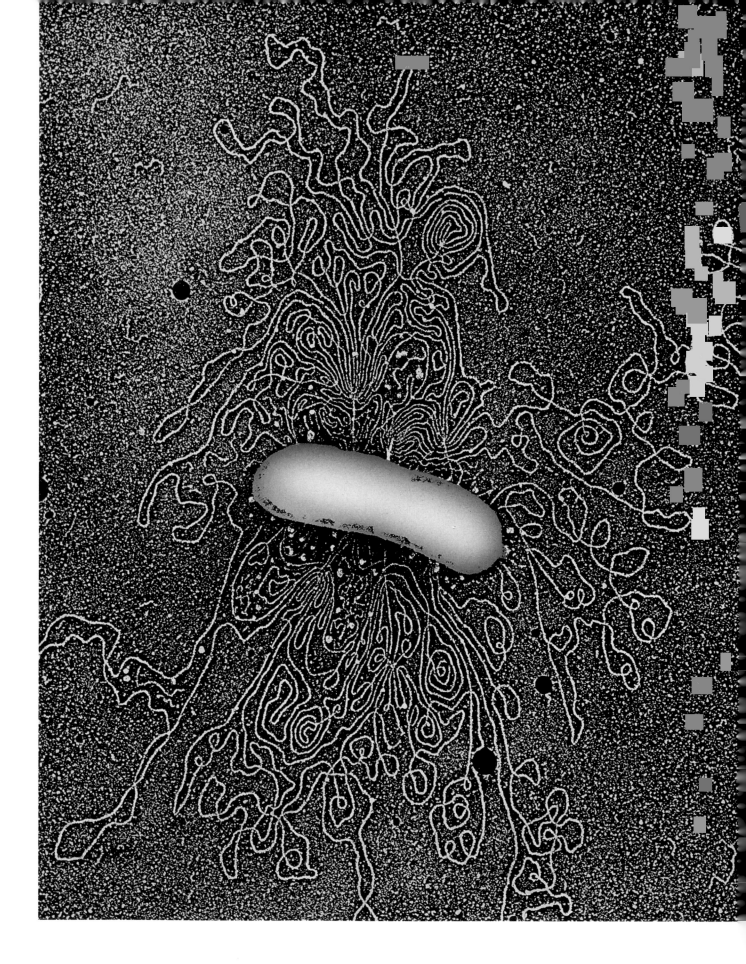

De la corne d'abondance, tenue par le prestidigitateur, sortent cent foulards de mille couleurs, dix mètres de rubans roses, un vol de colombes, trois femmes nues et quatorze dominos... un ruissellement de réel illusoire... D'*Escherichia coli* jaillit son ruban d'ADN, aux plis mille fois plus longs que la cellule elle-même, soit tout le vivant, réel, présent et à venir : la prédestination écrite sur le grand livre ? Micrographie électronique coloriée d'*Escherichia coli*, bactérie usuelle de l'intestin humain, traitée par un enzyme qui fragilise sa membrane. Bibliothèque photographique du docteur Gopal Murti.

— Qui parle à qui, s'ils sont les mêmes ? L'Artiste de Giono se nomme Victor André, né de père et de mère inconnus : deux prénoms de plus pour Jean ?

— Cet orphelin lui ressemble comme un frère.

— L'artiste, c'est-à-dire l'écrivain, sait vraiment qui est l'Artiste, ainsi nommé par appellation dérisoire, mais aussi pompeusement.

— Giono puise dans la langue populaire ; et Diderot dans la descendance familiale : deux faux génies par procuration !

— Le sobriquet de ces personnages éclaire leur liaison avec celui qui tient la plume ou le crachoir. L'affaire est plus claire que douze soleils : comment s'exprimer sans un imposteur théâtral ou un mythomane ? Quel producteur se passe du voisinage de celui qui vit de lui, parasite, certes, tu le dis, mais conditionne sa création ?

— Son metteur en scène ?

— En quelque sorte.

— Son double truqueur ?

— Le créateur n'est pas le sujet Giono, ni le fou qui l'accompagne, ni Diderot, ni le neveu de Rameau, mais la relation active entre Artiste et artiste.

— Je ne comprends pas. Explique-toi.

— A quels truquages se livre-t-il, cet Autre tricheur ? Sur la table, voici un jeu de cinquante-deux cartes, rois, sept, figures et nombres.

— Filou donc prestidigitateur...

— Par nombres et figures, Dieu créa le monde. Lui ou l'artiste... bat, coupe, donne... dans ce monde, nous trouvons le donné...

— Pia, tu deviens d'un sérieux...

— Imaginons la distribution générale, qui ne cesse de se combiner. Nous recevons d'elle la part de notre destin, en série de hasards et de nécessités, as de malheurs, cinq de talent, valet gris pour la fortune...

— ... et quelque reine discrète jadis apparue, par miracle, au milieu d'un jardin ami...

— Ainsi roule et va ton histoire, la mienne, la nôtre, les vraies, où les rois se font plus rares que les sept.

— Qui donne ?

— Qui le sait ? Dieu, la Nature, les aléas, la Providence, l'ADN et la Fatalité, nos parents, réunis quelque soir, avec le projet de boire avant d'ensemencer le vide.

Le donné pleut à profusion sur les bons et les méchants, aveuglément.

— Ils se ressemblent tellement.

— Eh bien, à force de voir arriver au pinacle les tricheurs qui tirent sans cesse les bons nombres, avouons que nous aimerions mettre un peu le doigt dans le choix et même, peut-être, prendre franchement la place de l'homme qui donne… non, car la pluie, la roue de la loterie ou celui qui distribue le paquet mélangé ignorent tout… mais la place de qui, derrière eux, permute, arrange, combine, attribue.

— S'il existe.

— Et puisque nous ne savons point accomplir les gestes du vrai créateur, apprenons, au moins, ceux d'un faussaire ou d'un imitateur.

— Lequel imite lequel ?

— Giono traîne les chemins avec un arnaqueur et Diderot les bistrots avec un musicien qui fait semblant de composer ou de jouer.

— Qui enseigne à qui ?

— Vois les deux écrivains fascinés, l'un aux tours de cartes qui le font baver d'envie, l'autre à la pantomime du gueux. Avoir à dire ne vaut rien si l'on ne sait pas montrer ; sans savoir-faire des formes, le savoir ne produit rien !

— Alors, le faux apprend le vrai au vrai. Le double imitateur enseigne au moi loyal. Étrange, immoral !

— Alors, les arrangements et les combinaisons racontent des imbroglios d'amours et de jalousie entre dames, rois et valets, toute une comédie, des récits et des romans, des coups fumants ; oui, des tours de cartes, de la pantomime.

Le tricheur se rend maître de la donne fausse, faute de savoir la réalité du donné.

— Pas de vrai art sans faux frère, Pia, quelle honte !

— Voilà, mon frère, le travail de l'Artiste : du double de Giono et du romancier lui-même. Celui qui tient la plume, en racontant les coups fumants, les tient de son Ange gardien astucieux. Vas-tu y croire, enfin, Jacques ?

— Je le croyais plus vérace !

— Attends. Rien de plus morne et plat qu'un jeu ordinaire, qu'une existence médiocre, remplie de cinq et de trois de cœur. Au contraire, un tour énorme, racontable, se monte et se montre. Mieux vaut économiser son temps et ne pas attendre qu'il arrive, la semaine des Quatre Jeudis.

— Je t'y prends : ton Ange mauvais te tente, Pia !

— Si je devais créer, pourrais-je éviter de mettre le doigt dans la combinaison : menteur… romancier… tricheur… nouvelliste… arnaqueur… artiste… mythomane… politique ?

— Tu te prends pour Dieu, pour l'ADN ou le Destin ?

— Non pour Dieu, qui crée en vrai, mais pour le Diable à quatre ; parce que, sans âme ni chair, tigres de papier, faux-culs abominables, les personnages cherchent fortune, domination et sang versé.

— Combien payons-nous pour suivre nos Anges de carton colorié ?

— Mais, fichtre, qu'ils portent beau !

— Mensonges tellement plus fascinants que les vérités pâles du grand soleil et des chemins.

— Qui fait du faux ne peut atteindre la bonté, il faut qu'il se contente du mal. Il teint tout de sang dont l'écoulement seul intéresse le beau monde.

— Le double de tout Artiste, fou, menteur, abominable, ne raconte...

— ... et ne mérite que la mort. Le Créateur vrai devient bon de créer du réel.

— Je tiens, décidément, la partition double du frère jumeau : Dieu est le Diable même à l'œuvre vraie près.

— Quand il raconte, sculpte, peint, compose son histoire, tout artiste combine mille éléments, cet assassinat, ce chapeau, cette femme, ce paysage...

— Le producteur a besoin d'un faussaire, tricheur ou arnaqueur, d'un double mauvais, pour lui enseigner à truquer le donné.

— Giono traîne donc son filou sur les grands chemins de son œuvre et Diderot toute sa vie le Neveu mime. Qui crée donc ?

— Ce couple-là, tu l'as dit ! Maupassant et son Horla ; Untel et son Ange ; mariés pour le meilleur et pour le pire, un pis d'autant plus terrible que le meilleur est génial.

Elle hésite, mais reprend.

— Contents de la donne et à elle résignés, les joueurs ordinaires exigent que tous obéissent, comme eux, à la règle du jeu. A ces existences médiocres et loyales, s'opposent les tricheurs qui, eux, jouent leur vie contre cet accord. Car aussi haut que monte la mise et, souvent, elle fait frissonner, nul n'y risque, au pire, que ruine ; mais, à tricher, on expose sa vie, puisque les partenaires vous assassineront dès lors qu'ils s'en

apercevront : voilà jouer vraiment, c'est-à-dire en grand !

— Dernier doublet : créer, voilà vivre ! Mais on peut en mourir.

— Ne pas tricher n'est pas jouer ! Ce jeu devient le plus dangereux, on peut y laisser la peau.

— Exigeante morale de la fraude immorale ! Les règles du jeu se retournent comme des gants !

— Sur les grands chemins obliques, l'Artiste et le Neveu mènent leur vie à haut risque, mais ils entraînent avec eux le Narrateur et le Philosophe, qui ne peuvent pas le devenir sans eux. Qu'auraient-ils à raconter ou à penser, sans ce pressant danger ?

Les voilà bien étonnés.

Entre Pantope, dispos et reposé :

— Le jeu peut-il se jouer à trois : Jacques, Pia et moi ?

Pia répond :

— Nous crois-tu seuls au monde, Pantope ? Nous faisons le Diable à quatre, avec, chacun, notre Ange gardien !

Ils rient.

— Or pour que les prestidigitateurs fassent voir un tour de cartes admirable ou qu'ils réussissent un coup d'arnaque géant, au moins faut-il qu'ils disposent, sous leurs doigts, d'un jeu entier, d'un bon paquet de cartes et qu'ils sachent user de ce jeu en virtuoses, ou que leur corps domine mille mines de pantomime, dit l'un.

— Allons, montre-nous le jeu, le paquet de l'Artiste, Pia, dit l'autre ; non pas celui du tricheur au poker, si visible, mais celui du romancier, du peintre...

— Le peintre garde, sous la main, sa palette ou, au fond de son réduit secret, inconnu parfois de lui-même aussi bien, le chef de l'œuvre, le capital, la somme, la réserve ou la source de toutes ses productions possibles.

A la fin du *Chef-d'œuvre inconnu*, Balzac dévoile au lecteur un tableau toujours caché au fond de l'atelier, qui montre un tel chaos de couleurs, de formes et de tons, tellement mêlés, que, si l'on pouvait l'entendre, il émanerait de lui le bruit de fond, la noise de *La Belle Noiseuse*.

Passons en revue rapide nos gardiens : *Le Horla* désigne une sorte d'esprit, fantôme, vapeur, souffle ou esprit des lieux ; Giono montre un objet discret comme un paquet de cartes ; Balzac révèle une toile, objet plus mêlé, pourtant déjà muni d'un nom propre de femme : noiseuse ; Diderot et Giono placent deux doubles à côté d'eux : l'Artiste et le Neveu d'un Artiste.

Émerge un personnage, orphelin vêtu de noir qui me ressemble comme un frère, naissant des souffles, du chaos du tableau ou des combinaisons de nombres et de figures.

— Spectrale apparition de l'Ange gardien ! Bravo, artiste Pia !

— A côté d'eux, les peintres disposent d'une telle palette où ils pré-posent, en secret plus qu'à découvert, toutes les couleurs et les nuances... les sons, des bruits aux harmonies, voilà pour les musiciens... mais les artisans du verbe ont, aussi, une telle banque, pour tous les mots en tous sens, la somme des actes de langage, les opinions

*V*oici l'idéal de tout auteur : dormir, rêver, le front et le coude appuyés sur la table, pendant que l'inspiratrice, Ange gardien dans le plus simple appareil, rédige les œuvres que conçoit le songe. Le miroir répète la forme du double, en image renversée sans doute, puisque le paresseux paraît inspirer la travailleuse. Pablo Picasso, *La Muse*, 1935. Paris, musée national d'Art moderne, centre Georges-Pompidou.

contradictoires les plus exaspérées, les vérités contraires de tous ordres, y compris celles qu'on ne veut ni ne peut dire, les conduites, vices ou vertus et les espèces vivantes ou sociales, plus la manière de se servir de cette somme, plus les échelles de leur constitution !

Selon que nous écrivons récits ou portraits, pensées ou jugements, faut-il que nous puisions dans

une réserve, compte ou trésor, différents pour chacun, mais dont l'existence et la fonction conditionnent la vie créatrice, puits noir où se mêlent hommes et choses, faux et vrai, mal ou bien, raison et folie ?

De même que, dans leur atelier, les peintres piétinent une sorte de pâte grisâtre, résultante des couleurs et des nuances qui de leurs tubes débordent, palette finale symétrique de l'initiale, dans quelle boue du même genre les hommes d'encre pataugent-ils ?

Existe-t-il, avant la vérité ou l'opinion fixées, avant le personnage dessiné ou décidé, une pâte, capital ou chef de l'œuvre, à l'état naissant ?

— Une sorte de mugissement ou de noise, bruit et fureur, émane de ce puits.

La couronne, en forme de cylindre, de l'aéroport laisse entendre la rumeur des hommes, et son alentour celle du vent et des avions.

On dirait qu'ils se taisent pour écouter, en eux et entre eux, ce puits béant.

Jacques sort, pour aller réveiller sa fille, endormie sur un lit, dans le centre médical ; le frère laisse place à l'ami.

— Sais-tu pourquoi les Anges passent le plus clair de leur temps à jouer ou composer de la musique ?

— Sais-je même s'ils le font ?

— Elle sonne, tonne, vibre sans parler, bruit ou déclame sans que nous puissions décider les choses qu'elle semble vouloir dire : passion, extase, douleur, tonnerre ? Légère, mobile, fluctuante, elle danse le possible. Usant de notes à jamais privées de sens fixé, la musique exprime des universaux avant les mots sensés.

— J'entends, maintenant, dans le silence, le Neveu de Rameau jouer d'un clavecin absent ou d'un violon invisible.

— Imagine, Pantope, un immense éventail déplié ; en son centre acéré, le sens se fixe et se détermine : voici la place des sciences ; vers la circonférence, commence la musique. Entre celle-ci, au sens indéterminé, et celles-là, où les mots ne disent qu'une chose, le langage d'usage tient l'intervalle : sens à demi fixé, cependant libre à demi.

Proche parent de Rameau, le Neveu rêve de composer, exécute à merveille et enseigne la musique aux jeunes filles ; l'Artiste de Giono touche la

*L'*Ange psychopompe ou accompagnateur des âmes, pendant et après la mort, apparaît dans bien des traditions, aussi bien polythéistes, comme l'Antiquité romaine, égyptienne et grecque (où Hermès messager tient ce rôle), que monothéistes, comme les religions juive, chrétienne et musulmane. Comme la règle du jeu, la vie ou l'œuvre, notre mort appelle quelqu'un au secours. *Israfil, l'Ange de la résurrection, sonne de la trompe.* Londres, British Library. La tradition populaire, mais non le Coran, assigne à cet Ange singulier le rôle d'insuffler à nouveau les âmes dans les corps, au moment de leur résurrection. Israfil équivaut à séraphin, en arabe.

ومنهم اسرافيل صلوات الله عليه

وهو

وهو بلغ الاوامر ونافح الارواح في الاجساد قال صلى الله عليه وسلم كيف انعم وصاحب القرن قد التقم
القرن واصغى بالاذن حتى يؤمر فينفخ فيه قال مقاتل القرن الصور واسرافيل واضع فاه حتى يؤمر فينفخ فيه
والقرن مشبه البوق ودائرة راس البوق كعرض السموات والارض وهو شاخص بصره نحو العرش ينتظر متى
يؤمر فاذا انفخ فيه فصعق من في السموات ومن في الارض الا من شاء الله قالت عايشة
قلت لكعب الاخبار سمعت رسول الله صلى الله عليه وسلم يقول ياربّ جبريل وميكائل واسرافيل ما جبريل وميكائل
سمعت بها في القران وما اسرافيل فاخبرني عنه فقال كعب الاخبار ملك عظيم الشان له اربعة اجنحة احدها
سدير المشرق والاخر سدير المغرب والثالث نزل به من السماء الى الارض والرابع التتم به من عظمة الله تعالى
قدماه تحت الارض السابعة وراسه انتهى الى الركان قوائم العرش وبين عينيه لوح من جوهر فاذا اراد الله تعالى
ان يحدث في عباده

امر القلم ان يخط في
اللوح الى اسرافيل فيكون
بين عينيه ثم ينفي الى ميكائل
صلوات الله عليه وله اعوان
في جميع العالم حتى على
الاركان والمولدات ينفخون
فيها ادواحها يصير معدنا او
حيوانا ونباتا وهي القوى التي
بها حيوتها وصلاحها او
بطلانها فسادها وفنا
بان الله تعالى
والله اعلم

guitare; Balzac quitte brusquement Fernhofer et sa peinture pour nous faire entendre et non plus voir la noise de la beauté.

— Quel écrivain ne rêva pas de se délivrer du sens pour composer de la musique? A quoi bon écrire si l'on n'entend rien?

— Remplissant la surface de l'éventail, le style va de la vocalise ou de l'évocation au savoir exact, et inversement.

Ainsi, l'Ange musicien garde l'écrivain, qui rêve d'imiter son gardien.

Sais-tu, maintenant, pourquoi les Anges dansent?

— Sais-je même s'ils le font?

— De même qu'à Delphes signifiait la pythie, gesticulant, assise sur le trépied posé au-dessus de l'ouverture chtonienne d'où émanaient des flammes fumeuses, de même qu'elle laissait échapper de sa bouche des paroles privées de sens – musicales? – ou en débordant tellement qu'il fallait un interprète pour les déchiffrer, de même l'agitation gestuelle du chef d'orchestre, comme un sémaphore, indique sans dire les directions spatiales et temporelles de la partition privée de sens discursif.

Quand l'entendement ni la voix ne peuvent dire ni préciser, le corps lui-même va, pour exprimer ce que les premiers ne maîtrisent pas : alors il entre en transe ou dans la danse.

Transparente, elle indique, désigne et décrit, signifie les mêmes universaux précédant le sens; la danseuse fait la pythonisse, le danseur, de tout son corps, contrefait les mains et les bras du chef

d'orchestre : tous prennent cent et mille positions. Les danseurs disposent d'un corps qui sait, qui va, qui peut se poser de dix mille manières, et passer à loisir de l'une quelconque aux autres, corps omnivalent, donc blanc puisque capable de toutes les couleurs, abstrait puisque contenant tous les traits en puissance.

Le danseur, désarticulable, précède les articles ; propre à toutes positions, il mime les pré-positions. Aussi dédifférencié qu'une main ou un doigt exercés, rompus en vue d'un clavier, il indique *vers, à, en, sur, par, dans, hors, derrière, devant, près, sous, entre, pendant, après, avant, malgré, contre, excepté...* tout l'espace et tout le temps, toutes les circonstances, les rapports et les relations, médiateur universel.

*S*ur la scène,

les étoiles du ballet

nous montrent leur corps

en mouvement, suivant

les rythmes de la musique.

Mais, par l'espace

vide et transparent autour d'eux,

qu'indiquent-ils, seuls ou associés,

de leurs bras et de leurs gestes ?

Ressemblons-nous, pendant

ce spectacle, aux badauds naïfs

qui regardent la main ou l'index

de celui qui fait signe,

au lieu d'observer la chose

qu'à l'évidence il indique ?

Les danseurs et les danseuses

signifient. Mais qui, mais quoi ?

Les corps visibles de ces Anges

s'effacent, disparaissent,

et l'invisible, soudain désigné,

apparaît.

Kelemenis.

*L*e corps des danseurs peut

et sait prendre des centaines

de positions.

L'art chorégraphique associe

et combine, comme une langue

peut le faire avec des lettres

ou des phonèmes, ces chiffres

ou signes ou formes physiques.

Pour adopter plus aisément

ces attitudes diverses,

un entraînement gymnastique,

exigeant et dur, assouplit

les muscles et les articulations.

Ainsi disposé ou,

mieux encore, pré-posé,

le corps fléchit ou se décline,

selon toutes positions requises.

Avant tout mouvement,

peut-on le dire en pré-position ?

Une grammaire déchiffre

la danse, et inversement.

Europa ballet.

La danse nous montre un corps préposé, comme la musique fait ouïr des sens préposés, de sorte que nous pouvons, à loisir, penser, agir et travailler avec les sens ou sans le sens, avec l'Être ou sans lui, je veux dire exclusivement par relations : pantomime.

Alors, se leva Pantope, et, devant Pia qui se tordait de rire, battit des mains, chanta, étendit les bras et se mit à danser, à s'approcher d'elle et à l'inviter à le suivre ou à le précéder, en marmonnant, par une sorte de mélopée :
— ... sur la scène, devant nous, pendant le ballet ou dans l'aire ronde où s'ébattent les couples, vole et saute le jeune homme au-dessus des planches, comme lancé ou déployé vers le haut et s'arrachant hors du sol, jusqu'au ciel, d'un coup, semble-t-il, à travers l'espace, puis ramassé soudain, rasé à même la terre, revenu ou rabattu par l'émotion de la mélodie aux pieds de la danseuse en pas de deux avec lui, serrée contre lui dès leur première rencontre et lui comme lové chez elle, tous deux, maintenant se séparent, sous la pression des trompettes et des cors, pour surgir à distance, légers, folâtres, suivant toujours le rythme de la musique, désignant de leurs bras, de leurs jambes, de leur torse ou tronc ou tête, quelque événement invisible vers le haut, par l'espace alentour, ou, au contraire, attirés en bas, on dirait aux Enfers, par la fatalité, ou attirés à gauche par l'espoir ou repoussés de droite en raison de quelque angoisse, précipités devant, rusant pour éviter quelque danger derrière, comme si tout le réel se trouvait hors d'eux et entre eux, et s'ils

vivaient sans poids ni substance, uniquement occupés à désigner... eux-mêmes vides, blancs, transparents, à l'écart de toute stabilité, donc en extase d'existence, planant, insensés, hors de tout sens, donc capables de l'évoquer, universellement...

... corps-musique avant le corps-parole, situé dans l'espace et en mouvement par le temps, posé dans le monde et hors de lui, précédant le sens, préposé, entouré de prépositions et jouant avec elles ou se jouant d'elles, comme autant de rubans blancs, fluctuant, coloriés, autour de sa virginité.

Il mimait ce qu'il chantait ; elle jouait avec lui, toute bonne volonté ouverte, sautait, volait, riait...
Essoufflés, ils s'arrêtèrent.

— Dans le cas d'un écrivain, d'un accoucheur de vies singulières, plongé jusqu'aux yeux dans le sens, il faut que la palette se transforme en une personne, double dont la singularité propre est de n'en avoir pas : capable de tout.
Avant de produire quoi que ce soit, la palette, l'esprit invisible ou l'objet caché prennent ici la figure de celui par qui je passe pour entrer en relation avec tout et tous : médiateur universel, – la philosophie fait toujours la maquerelle –, intermédiaire, Hermès, médium, mime ou mieux pantomime, double à côté de moi ou, Horla, premier hors de moi, je dois le nourrir autant qu'il finit par me faire vivre et penser, danseur, parasite, hermaphrodite, Ange gardien.

Puisque la musique exprime ce qui précède le sens, un écrivain, son successeur dans le sens et la langue, se trouve donc toujours proche d'un musicien, son prédécesseur lointain et d'un pantomime, son devancier immédiat : le Neveu, agnat ou cognat, de Rameau, compositeur, devient son prochain, son double, son frère, dont il ne pourrait se passer pour penser ni pour créer.

— Il doit le nourrir et le loger : voici son parasite.

— Il ne peut pas écrire sans lui : voici son inspirateur.

— L'Ange gardien qui gît *entre* nous et tous nos voisins et lointains conditionne donc toutes nos relations.

— Cet orphelin qui me ressemble comme un frère se vêt de noir ou, invisible, ce double devient blanc et transparent. Noir ou blanc, couleurs simples mais omnivalentes.

— Vous souvenez-vous, Pia, des rotondes, ces bâtiments circulaires des anciens chemins de fer ?

— Non.

— Pour réparations, les locomotives quittaient leur rail pour se placer sur un plateau rond, mobile et formant pivot, et, ainsi, après l'entretien, pouvaient, à loisir, emprunter n'importe quelle autre direction parmi tous les rails, disposés en étoile autour de cette rotonde.

En avant ou en arrière, à gauche ou à droite, vers Strasbourg ou vers Bordeaux, après ou pendant, que sais-je, les locomotives haletaient dans le possible. N'ayant aucun sens par lui-même, le plateau pouvait tourner dans tous les sens : girouette préposée à toute position…

*L*a préposition *vers* indique
une direction et un sens :
aller vers Tokyo, voler vers Rome
ou Rio…
Mais son origine latine,
le verbe *verto*, signifie tourner,
se tourner, convertir. Ô merveille,
le même terme dessine
un mouvement de translation
et un autre, de rotation,
comme s'il traçait un éventail.
Quand nous disons une chose
ou une idée *uni-vers-elles*,
sans doute peuvent-elles se tourner
dans tous les sens.
Dans les gares, autrefois,
pour atteler à n'importe quel train,
en attente autour de l'éventail
et en partance vers
toutes les directions du réseau,
sa locomotive, le conducteur
l'emmenait sur la *rotonde*.

*V*oici la réalité du travail

d'écriture : une petite lueur éclaire

le début de l'œuvre, à côté

de l'écrivain, hors de lui,

de son corps, de sa plume,

de sa page, de sa table…

quelle ombre la tient ?

Cette figure angélique

lui ressemble-t-elle comme un frère,

cherche-t-elle, comme un démon,

à le mettre à mort,

ou dispose-t-elle d'un trésor

où puise celui qui, alors, prend,

à son tour, la place d'intermédiaire ?

Gabriel Metsu (1629-1667),

L'Écrivain. Montpellier,

musée Fabre.

— … prêt à penser toutes choses, le génie contient la capacité de tout personnage. Précédant toute signification, musicien, voilà cet homme-rotonde ; avant toute gestuelle, mime et danseur ; avant toute vérité, il passe pour menteur et tricheur, puisque capable d'avaliser toutes démonstrations ; avant toute opinion, il passe pour volage, puisqu'il peut en soutenir autant qu'il est besoin et sous tout angle concevable ; avant toute personnalité, pour Arlequin multiple et inconstant ; avant toute morale, pour cynique ou pratiquant les us et coutumes de tous et uniquement attaché à guérir ses crampes d'estomac quand il a faim ; avant toutes choses possibles et créées, le voici ondoyant et divers, rotonde et girouette, blanc et transparent.

— La rotonde est ronde pour qu'on puisse choisir, en cercle, vertigineusement, parmi tous les sens, celui vers lequel on veut se diriger.

— Diderot traîne-t-il avec lui la plus vive des prosopopées de l'En*cyclo*-pédie ?

Cette chose ou cet homme font peur, parce qu'ils sont aliénés ou pleins d'autres. Fous : le Neveu de Rameau, Fernhofer ; fous : le Horla ou le Narrateur, l'Artiste ; plein d'autres encore : Hermès, l'Hermaphrodite, le Parasite, Arlequin…

— …et toi Pia, qui soignes tout le monde…

— …et toi, Pantope, qui cours le monde…

— La somme des autres égale une rotonde et verse à l'universel.

— Individu sans principe d'individuation, somme des individus possibles, homme-palette, spectre de toutes les couleurs, réunies en un fantôme blanc.

Non posé, dansant comme une flamme, mobile, errant sans référence, nous le voyons mal, parce qu'il répugne aux têtes simples, qu'en tout cas il éblouit.

Translucide et blanc, il accompagne, au plus près, comme sa traînée d'ombre ou son Ange incandescent, quiconque produit.

Au sens le plus naïf ou savant, un Archange garde l'inventeur ; je dis bien : Archange, parce que *arché* signifie le capital, le puits et la réserve en même temps que l'antérieur ; l'Ange gardien

toujours se place entre nous et les autres, rotonde, pour ouvrir notre capacité ; mais l'Archange, en plus, porte et offre ce stock.

Tel écrit dans le sens, avec du sens et par lui, en lui et pour lui, j'allais dire suit le sens, bien obligé, même si, parfois, il en crée, mais le double qui, dans le noir, le précède, précède et ne suit pas le sens.

— Donc musicien. Donc pantomime et danseur. Donc girouette-rotonde. Donc vicieux. Donc fou. Donc parasite. Donc très savant. Donc suprêmement intelligent. Donc blanc. Donc dangereux pour la morale et pourtant nécessaire à l'éducation des enfants.

— Voici, en pied, sans qu'il lui manque un seul trait, ni un ongle ni un cheveu, le Neveu de Rameau soi-même.

Qui donc est-il ? Le parasite, certes, compagnon inquiétant, mais aussi bruit et musique qui sifflent dans les oreilles et enchantent l'ouïe, tonalité constante qui ne cesse d'occuper, parasite au triple sens d'invité abusif, de bête dangereuse et de clameur d'interception, enfin danseur blanc, qui peut et sait tout imiter : les catins couvertes d'argent, les pensées mobiles, les joueurs d'échecs, poussant le bois, les comédiennes, bonnes et mauvaises, et le financier ou fermier général, ainsi que l'homme public ou de gouvernement, pantomimes, masques et prosopopées de la capacité d'omnitude.

Tout est possible, voilà son nom : d'où le puits de risque.

Est-il un objet ? Voilà le paquet de cartes brut, les notes, les gestes, la palette ou la danse des

*A*ssis sur un tambour,

à la gauche de Pierrot, l'Arlequin

de la *Commedia dell'arte*

porte sa tunique singulière,

où se cousent et se mêlent mille

tissus de formes et de couleurs

variées, comme en une mosaïque

ou une marqueterie.

Métis, quarteron…

issu et instruit de sangs, de cultures

et d'héritages multiples,

Arlequin figure un trésor universel

d'humanité, d'indépendance…

et d'adaptation souple

à plusieurs maîtres, de sagesse,

de finesse, de rires

et de miséricorde…

Comme somme de tous hommes,

puisse-t-il inspirer les ouvriers

de philosophie.

Claude Gillot (1673-1722),

Le Tombeau de Maître André,

vers 1716-1717.

Paris, musée du Louvre.

flammes pendant l'incendie de la maison ; à partir du feu, tout est possible, puisque là gît la source d'énergie, rotonde-soleil.

Est-il un homme, voilà le parasite et sa suite de masques ou de doubles ; quel scandale, n'est-ce pas, que nous ne puissions produire sans la présence de quelqu'un qui ne produit pas.

Les producteurs jouent le contenu et les parasites, qui gagnent toujours, jouent la position. Non, je ne fais aucun jeu de mots quand je les nomme pré-positions.

Est-il un mot, voilà donc encore les prépositions. Elles mettent en rapport les bouts d'un intervalle, proxénètes ; ceux-ci s'entremettent entre les putains, femmes de tous les hommes, et les clients mâles, maris de toutes les femmes ; les prépositions maquereautent la langue, comme la philosophie les pensées.

— Ainsi le Socrate de Xénophon – la voix de l'étranger, celle de l'hôte, du parasite ? – définit-il la philosophie.

Le Neveu de Rameau fait-il aussi le maquereau des pensées de Diderot, ses catins du Palais-Royal ?

— Est-il un esprit, voici l'invisible, dangereux, venu de partout, capable de tout.

— Bon ou mauvais Ange ?

— Les deux, mais gardien, dans tous les cas.

— Sommes-nous tous producteurs ?

— Plus ou moins, cela dépend de notre Ange gardien : simple ou, au contraire, déployant toutes les richesses que nous venons de détailler, grâce aux plus loyaux d'entre ceux qui ont bien voulu le montrer.

*L*ivre majeur
de tous les doubles possibles,
le chef-d'œuvre de Cervantès
– et, sans doute, de l'humanité –
laisse en doute qui est le double
ou l'accompagnateur,
de Don Quichotte ou Sancho Pança.
Qui a écrit le dialogue ?
Pantope ou Pia ?
Honoré Daumier (1808-1879),
Don Quichotte.
Glasgow Museums :
the Burrel Collection.

Et le génie monte au divin, quand le double se dédouble, pour produire, dans des miroirs subtilement déplacés, des images, mêmes et autres, à l'infini : voici l'omniscient Don Quichotte, juché haut sur son savoir verbal, et le réaliste Sancho, rêvant plus encore, le nez sur les choses et la tête dans le proverbial. Cervantès écrivit la plus achevée des œuvres humaines, avec et contre toutes les autres, et en produisant multiplement ses doubles.

— Quel Ange garde et inspire l'autre : le chevalier à triste figure ou l'ânier au bedon lourd ?

— L'un ou l'autre ? L'un et l'autre ? Le discours gaiement archangélique de leurs relations ?

— Devine, Pantope.

— Si je le découvrais, j'écrirais, répondit-il humblement.

Rougissante, elle lui prit la main.

*P*réposer : charger quelqu'un

d'assurer une fonction,

en lui conférant les moyens

ou l'autorité pour la remplir.

Préposé se dit d'un agent,

d'un commis, en particulier

d'un facteur.

Préposés au transport des messages

par l'organisation de la messagerie,

les messagers disposent

de moyens de transport :

Hermès, unique, et les Anges,

innombrables, en nuages

autour du centre, volent

de leurs propres ailes, et le facteur

porte son vélo – ou inversement.

Jacques Tati, *Jour de fête* (1948).

*M*atthias Grünewald

(Mathis Nithart,

1460 ou 1475-1528),

Retable d'Issenheim, 1512-1515,

détail de la Nativité,

aux indénombrables préposés…

Colmar, musée Unterlinden.

PRÉPOSÉS

Entrent Jacques et sa fille ; ils se tiennent par la main.
— Nous venons pour la leçon, dit-elle.
Sort Pantope, qui sait la grammaire.

Angélique, assise à côté de Pia, demande :
— Je m'appelle « je » quand je dis que je t'aime et « me » si tu me donnes à goûter ; pourquoi ? Je me nomme aussi, « moi », quelquefois : trois prénoms en plus du mien !
Pia, ravie de son nouveau rôle :
— Pronoms, ma chérie. Tu t'appelles « tu » et « te » quand je te parle, et aussi « toi », si je lis pour toi.

— Pourtant je ne change pas.

— Te voilà debout devant moi ; retourne-toi ; maintenant, penche-toi.

Angélique fait la révérence.

— Tu me vois de côté, de dos et de face. J'ai bougé sans changer, oui ! Je m'incline devant toi.

— Regarde ce livre : ouvert, à plat, sur la table ; fermé, de dos, debout sur le rayonnage ; est-ce le même livre ?

— Oui et non, Pia.

— Avant de visiter Rome, tu es passée par Berlin. En Allemagne, les gens changent un peu le mot *rose*, selon qu'ils parlent d'elle, de ses pétales, de celui qui la possède, de la femme à qui on l'offre…

— Et toi et moi, comment disons-nous ?

— De petits mots mignons avant le nom de la rose : d'elle, à elle, pour elle, par elle… Que t'apprend l'institutrice, en ce moment ?

— Elle dit les mots invariables : avec et vers… sans genre, masculin, féminin, ni pluriel.

— Voilà les prépositions. Elles ne changent pas elles-mêmes, mais transforment tout autour d'elles : les mots, les choses et les gens.

— Comme les opérations, dans le calcul ?

— Presque. Tu ne dis pas : « Pia offrir gâteau Angélique », mais : « elle le donne à sa nièce ». Tout resterait tout raide sans ces petits outils qui assouplissent.

— Comme quand on malaxe la pâte à tarte ?

— Oui. Ce modelage fait le sens, en mâchant les mots. Ouvre grands tes yeux, ma belle : vois le gâteau, sa crème et ses fruits ; observe ta tante, vêtue d'une blouse blanche ; remarque bien le

*P*réposées au travail de flexion ou de déclinaison, sur les mots ou verbes de nos langues, de petite taille comme des Lilliputiens (lily *putti* ?) occupés à infléchir et incliner des poutres brutes pour en faire les bordages et le bau d'un bateau, les prépositions s'adonnent à des opérations qui peuvent échapper à nos vigilances.

Jack Scher,

Les Voyages de Gulliver (1960).

geste d'offrir : bon, aperçois-tu, maintenant, ces mots qui volent entre le volume des choses et qui font tendre nos mains, glisser cette tarte des miennes aux tiennes, faire la révérence et danser pour recevoir et proposer ?

— Il y a donc des grands mots, visibles, et d'autres invisibles, comme des fées, des nains ou des farfadets ?

— Tout le monde et même les grands philosophes ne s'occupent que des importants et des gros : verbes, qui agissent ou pâtissent, et substantifs pleins de substance, mais seuls les enfants savent rire des gambilles et des cabrioles des petits ! Ces grandes personnes pensent comme on se parlait, jadis, dans les télé-

grammes : « Pia offrir gâteau Angélique », en ôtant les pas de la danse du sens, les liaisons souples entre ces squelettes raides.

Angélique n'y comprend rien, mais, rêveuse, dit :

— Je vois les grands mots comme le Bon Dieu, le Pape et les Saints, lents, guindés, empesés, empotés comme dans le défilé du couronnement de la reine d'Angleterre, avec son carrosse en forme de citrouille, mais, pendant ce temps, sautent et chahutent les tout petits mots volants, qui changent Cendrillon en princesse. Dis, Pia, voilà les Anges de mon nom !

— Tu comprends si bien, Angélique ma mie, que tu viens de m'expliquer !

— Pia, comme un âne…

— Petite insolente !

— Non, Pia ! Maman parle de l'ânesse de la Bible qui voit l'Archange en travers de son chemin, alors que son maître, aveugle, la tape de son bâton.

— Il faut bien être un peu bête pour voir travailler les nains, les prépositions et les Anges.

— Alors je veux savoir les noms, le nombre, la classe et le genre de mes Anges !

— Tu me demandes la lune.

— Et aussi les étoiles, autour.

— Je te les donnerai donc. Le plus grand de tes Anges se nomme : DE. Nécessaire partout, on le

rencontre toujours. Il occupe, et de loin, la première place dans tous les calculs d'usage de
notre langue, noble pour cette raison, ma chère :
dès que nous parlons, il ne cesse pas de bour-
donner autour de nos bouches, comme une
abeille, l'été.

— Pourquoi ?

— Parce qu'il veut tout dire et porte donc
un nombre énorme de messages ; écoute-le fre-
donner : à l'aéroport de Paris, la nièce de Pia,
partie de Rome aux vacances de Noël, mange
sur la table de bois...

— ... un gâteau de riz.

— A force de l'entendre, nous ne l'écoutons
plus, et puisqu'il souffle dans tous les sens, il ne
dit presque rien, aussi bien, silencieux, blanc,
transparent et invisible comme un Ange.

— Invariable, comme dit l'institutrice, il n'est ni
garçon ni fille.

— Ou alors fille et garçon ! Mets-lui une longue
robe.

— Je la veux plissée en bas, plus des smocks de
couleur sur l'empiècement.

— Bon. Presque aussi fréquent et transparent
que lui, le second s'appelle : A. Entends-le : arrivée à Paris à dix heures, dans son pantalon à
pois, pour rentrer à la maison, Angélique me
parle à l'oreille avant de jouer à la balle et de
s'endormir à poings fermés...

— ... tu as oublié la tarte à la framboise.

— EN vaut A ou presque. Après ces grands Anges,
plus répétés que les armées des étoiles, viennent
les moyens, assez courants, comme SUR, PAR,
DANS, POUR, SOUS, ENTRE, VERS... ceux-là volent

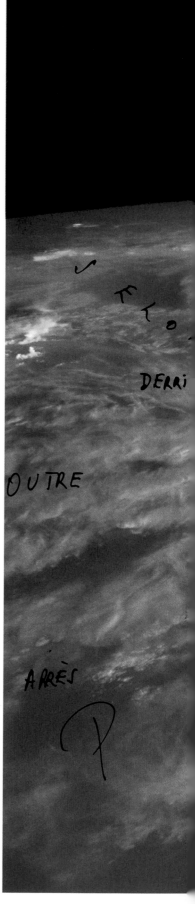

Le philosophe
et physicien Lucrèce donne
à une très petite courbure,
qu'il appelle déclinaison
ou inclinaison (*clinamen*), le rôle
déterminant dans l'origine
des choses. En fait, cet écart
premier entraîne la formation
d'un tourbillon.

Dans le montage, commis
par l'auteur, les prépositions,
opératrices, dans les langues,
de la *déclinaison*, *inclinent*,
au moins en apparente simulation,
les courbures des turbulences
physiques.
Les Anges, Préposés de la tradition,
accomplissaient, ainsi, le double
travail de messagers verbaux
et de flux élémentaires.
Prise par satellite,
cette photographie montre
les tourbillons orageux
en formation, vus du sud,
au couchant, sur la côte de l'Afrique
occidentale, aux latitudes
correspondant à la Côte d'Ivoire
et à l'interface entre la terre
et l'eau.

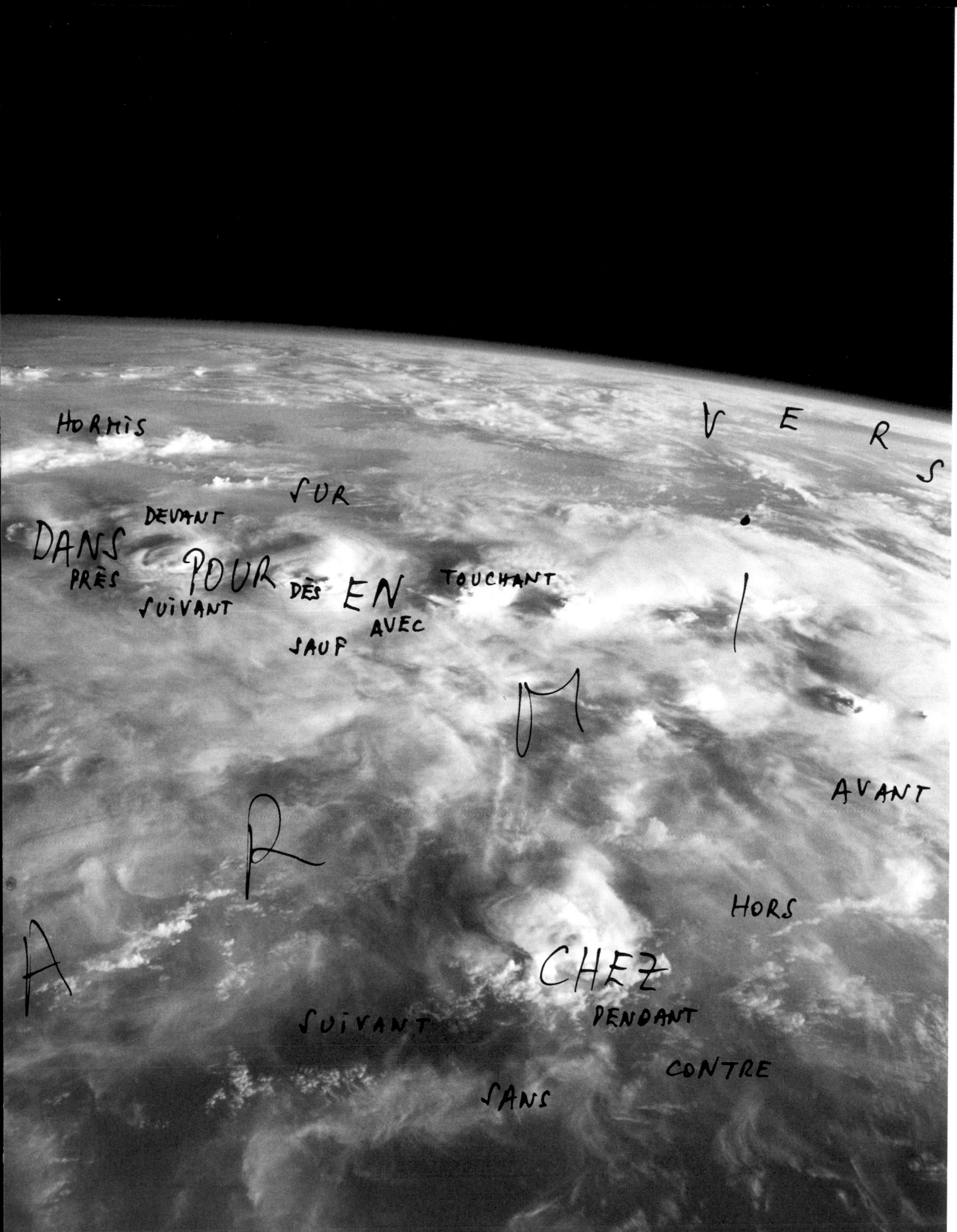
HORMIS
VERS
SUR
DEVANT
DANS
PRÈS
POUR
DÈS
EN
TOUCHANT
SUIVANT
AVEC
SAUF
I
M
AVANT
R
HORS
A
CHEZ
SUIVANT
PENDANT
CONTRE
SANS

encore assez haut… suit la ribambelle des petits : AVANT, DERRIÈRE, OUTRE, CONTRE, PARMI ou SELON, moins prépositions qu'adverbes ; finissons par les minuscules, rasant le sol : EXCEPTÉ, HORMIS, VU, ATTENDU… participes passés… PENDANT, DURANT, SUIVANT, MOYENNANT… participes présents… sans oublier le dernier, adoré, paraît-il, des gendarmes : NONOBSTANT.

— Le plus joli, le voilà : nono.

— Je t'ai dit, chère Angélique, les noms, le nombre et le genre de ces Anges, filles et garçons, mais ni garçons ni filles…

— Neutres ?

— Plutôt blancs.

— Ma grand-mère dit : ta langue est cousue de fil blanc !

— A la tête de l'échelle ou de la liste, le plus étincelant et candide, qui veut tout dire et ne peut rien dire, DE, fait la somme des couleurs : la blancheur ; ainsi l'être, pour les verbes et les noms… alors que le dernier montre à peine la nuance d'une teinte.

— On dirait un arc-en-ciel, Pia. Comment as-tu compté, classé, ordonné ces prépositions ?

— En passant toute la langue dans un grand ordinateur.

Les *putti*, en deuil,

se plaignent et se lamentent,

à la mort de Jésus-Christ.

Un même ensemble d'Anges,

préposé aux sanglots,

entoure la croix, lors

de son agonie, et, préposé

aux cris de joie, le ressuscité,

au matin de Pâques.

Les positions des corps suggèrent

un ballet, réglé

par une chorégraphie savante.

Fresques de Giotto,

Padoue, chapelle Scrovegni

ou de l'Arena (1302-1306),

La Déploration du Christ.

— Ah ! Tu as dit le nom propre de chaque Ange, mais non pas pourquoi ils ont ce nom commun : prépositions.

— Entends-tu, parfois, le facteur sonner le matin, à la porte ? Sais-tu qu'on le nomme préposé ?

— Celui qui garde le parc, à côté de la mairie, et l'autre, qui regardait nos bagages à la douane, mon père les appelait ainsi.

— Au couronnement de la reine d'Angleterre, l'archevêque, les pairs, tous ceux du défilé, que tu trouvais lents et gourmés, ne les trouves-tu pas posés ?

— Pia, un peu bien. Assis, contents, immobiles, ventrus de figure.

— Mais ceux qui volent et courent, assez invisibles et forts pour incliner les guindés vers la déclinaison ou plier les raides à la flexion, se posent à peine, n'est-ce-pas ?

— Sur des pattes de colombe, comme les oiseaux.

— Les noms et les verbes président ou règnent, entourés de leurs ministres, sur leur trône ou leur fauteuil, alors que les prépositions, légères, courent comme des facteurs, par les rues, pour distribuer les lettres, veillent aux portes, comme

des douaniers, ou voyagent comme des commis : préposés.

Ils courent les chemins et les routes, les inventent s'il n'y en a pas, et leurs messages transforment les ventrus restés assis.

— Pia, les Anges sont les prépositions de Dieu.

— Oui, l'angélologie peut dire cela.

— Voilà le plus laid : lolo.

— Tu ne te tiens jamais tranquille, Angélique.

— Tu me prends pour une préposée ? rit-elle en bâillant.

Pendant qu'Angélique s'endort, à nouveau, Pia se tourne vers Jacques, qui écoutait, comme un voleur, la leçon :

— Les relations et les forces qui sculptent les langues, en les déclinant ou fléchissant, ne modèlent pas seulement les mots, mais aussi bien la syntaxe.

Alors les Anges sont figures de la Parole : messagers, voici ses métaphores ; en nombre, armées ou légions, sa répétition litanique et ses acclamations ; apparus, son euphémisme ou ses hyperboles ; ses ellipses, sa litote à leur disparition… et la blessure bouleversée de son appel, lorsqu'ils jouent du luth ou du psaltérion. Prosopopée des prépositions et figures de la divine rhétorique, ils font le style de Dieu.

— Préposés à la Parole ?

— Déjà là, présents, toujours et partout, quand le besoin se fait sentir d'une transformation. Tissant l'espace, construisant le temps, ils anticipent toute présence… les préposés sont là, osé-je dire, avant même l'être-là.

*P*réposés à la multiplication des regards, les *putti* se disposent autour de ce lanternon en trompe l'œil, en haut du plafond, ou *oculi*, où apparaît un paon, que l'ancienne mythologie nommait *Panoptès*, c'est-à-dire celui qui voit tout. Voici l'œil de tous les yeux, volés à la queue du paon. Cette démultiplication de la vue agrandit

ainsi les prépositions
adaptent au monde la langue,
en la déclinant.

la chambre, intime, aux dimensions
Andrea Mantegna (1431-1506),
du monde extérieur.
décoration de la *Chambre*
Ainsi, les préposés universalisent
des Époux , 1467-1474.
un message, en le diffusant partout ;
Mantoue, Palais ducal.

— Voici le monde où nous vivons, il me semble :
les espaces-temps de communication, la méta-
physique des services… ce en quoi tout baigne,
la messagerie !

— Ce qui paraît le plus imaginaire ou abstrait
devient le plus pratique et concret.

— As-tu remarqué, enfin, la discrétion des Anges
et la brièveté de leurs messages ? Comme les
prépositions, ils ne disent presque rien, mais
déclinent le destin de tous ceux qu'ils visitent.

— Messagers, certes, mais surtout malaxeurs de
pâte humaine.

— Les prépositions changent les mots et la syntaxe, les préposés transforment les hommes.

Alors Jacques, les yeux encore à Rome et à
Prague :

— Hors, dans et outre les retables, derrière et
devant les autels, sur et sous les voûtes, volent les
Anges, proches et loin de Dieu et de nous, avec,
contre et malgré nous, à côté de chacun, selon ses
volontés, mauvaises ou bonnes, courant par ou à
travers l'espace, vers le firmament, venant du ciel,
toujours entre ou parmi tout et tous, et, par
exemple, parmi ou entre l'Un, par lui, avec lui et
en lui, le multiple et la totalité, depuis le commencement jusqu'à la fin des temps, avant, pendant,
après les événements, suivant le présent vivant,
hors et dans et outre les systèmes… ils construisent et décrivent finement les espaces et les temps
locaux pour envahir enfin l'univers de la communication, apparaître pour soutenir les dialogues
ou doubler la solitude : le contraire d'une échelle
de puissance… d'autant que l'enfant est là.

— Tu parles des Anges grâce aux prépositions, comme Angélique parla d'elles avec eux.

— A chaque âge sa parole.

— Sa réserve et son sommeil.

Le rêve de la petite fille dessine sur elle la face joufflue et les lèvres ourlées de l'un de ces *putti*, chahuteurs invétérés de nos tacites basiliques. Le silence vient de l'éclat de son charme.

Debout, ils entendent, chacun à part soi, leur grand-père dire, avant la mort, son amour des enfants :

— Depuis que l'évolution des espèces inventa le sexe, la mort, toujours, accompagna leurs amours. La jeunesse verte mêle à ses passions le suicide et l'assassinat, la mort reçue ou donnée ; la vieillesse connaît si bien, pour elle-même, l'immédiat voisinage de la Camarde qu'elle la filtre, enfin, de l'amour. Le voici puissant et pur, vif en moi comme jamais je ne le ressentis.

Libéré du souverain souci du sexe, l'amour des petits enfants, dit-il, nous emporte sur le fleuve du long temps, attachés au tronc d'un arbre à la dérive que sa crue déracina. J'entends maintenant le flamboiement du courant, le bruit de fond dont le chaos m'absorbe, à mesure que ma vie se perd, j'ignore si ma lignée continuera. D'Angélique à moi, les bouquets souples du possible deviennent les nœuds ligneux et craquants de mes jointures presque soudées.

Me voici au fil du flux : dans l'axe central de la vie coule, vif, le temps, et par la colonne vertébrale du temps, passe, jaillissant, l'amour ; or,

plus il rapproche des contemporains, plus il brûle de flammes proches des passions et de la maladie, venues toutes de la mort terrible ; quand il relie les plus éloignés, il se dépouille et tombent, mortes, les envies, haines, jalousies, toutes les ignominies. Reste, transparent, blanc, incandescent, lumineux, doux, chaud sans brûlure, volant, l'amour des jeunes enfants, dont il est écrit que leurs Anges voient Dieu face à face. Angélique m'indique leur place, la mienne bientôt.

En la regardant dormir, Pia, tout haut :

— Qui expose les petits enfants du Sud à la famine, aux maladies et au crime, et ceux du Nord, riche, à la drogue, à la représentation constante de l'assassinat, au sexe violent ? Les haïssons-nous tant, alors que leur présence répond à nos questions ?

Pourquoi tant de sciences, sinon pour ces Anges ?

Les petits croient
qu'il importe d'être grand,
et certains grands,
s'ils restent petits,
le pensent aussi :
alors, ils se posent là,
poupées de carton
ou mannequins de cire.

Devenir grand exige
de découvrir que les petits,
préposés, si mobiles et souples
qu'ils paraissent ailés,
importent plus
que les grands, posés.
El Angelito,
Morella, Espagne, 1987.

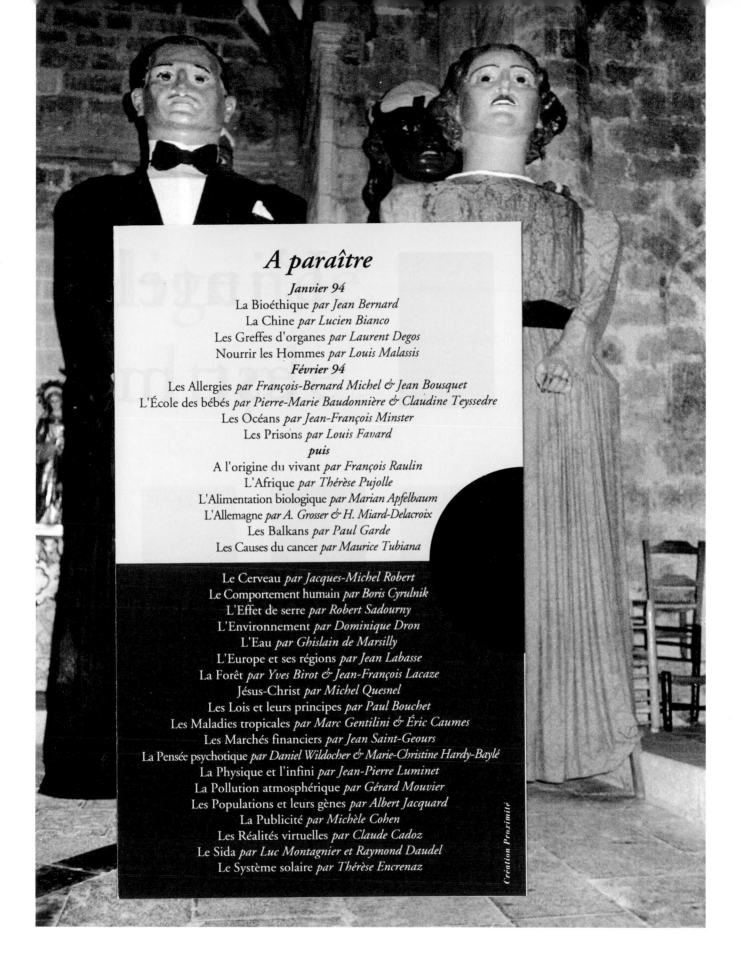

A paraître

Création Proximité

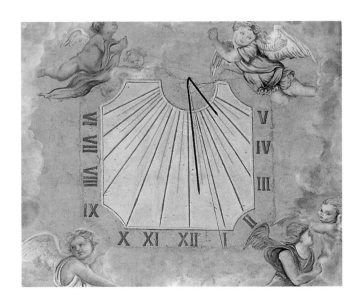

MIDI

*T*rois fois par jour, la cloche sonne

et commémore l'Annonce :

« *Angelus Domini nuntiavit Mariae*

[L'Ange du Seigneur annonça

à Marie],

Et concepit de Spiritu Sancto

[Et elle conçut du Saint-Esprit],

Ecce ancilla Domini

[Voici la servante du Seigneur],

Fiat mihi secundum verbum tuum

[Qu'il me soit fait selon

votre parole],

Et verbum caro factum est

[Et le Verbe s'est fait chair],

Et habitabit in nobis

[Et il a habité parmi nous] ».

L'extrême popularité

de ce rite quotidien,

qui célèbre la bonne nouvelle,

comme la vogue énorme

du tableau de Millet, en son temps,

ne peuvent se comparer,

aujourd'hui, qu'à l'obligation

universelle de voir ou d'ouïr,

plusieurs fois par jour, les nouvelles.

Jean-François Millet (1814-1875),

L'Angélus, 1857.

Paris, musée d'Orsay.

*L*e Résultat des courses,

Pays de Galles.

ANGÉLUS

◆

Angélique et Jacques ont pris une correspondance de province pour rentrer chez eux.
Pantope et Pia s'assoient pour déjeuner, à l'un
des restaurants de l'aéroport.
Le bruit de la télévision les empêche de
s'entendre.

Vieillotte, Pia :
— Matin, midi et soir, au passage de l'Archange,
sonnait la cloche de l'*Angélus,* qui réannonçait
l'Annonciation : la conception, l'incarnation, la
naissance de notre espérance.
Nous ne cessions pas d'apprendre la divinité de
notre chair, le commencement recommencé de la

venue au monde, dont l'éclatante merveille sauve de la mort.

Matin, midi et soir, avec le repas qui la sustente, un messager annonce la Bonne Nouvelle, ce mystère joyeux de la vie.

Pantope, moderne :

— Matin, midi et soir, mieux que jadis et naguère faisaient les croyants, nous ne manquons pas d'entendre et de voir les Nouvelles du monde. Nous ne mangeons plus sans elles.

Il montre de la main le téléviseur.

Elle, têtue :

— Les Anges les annonçaient ; nous n'appelons pas ainsi nos annonceurs. Cependant, derrière le mot, semblable, la même fonction demeure, très ancienne, de transmettre les messages, de rapporter ce qui se passe ailleurs, au même moment.

Lui, positif :

— Le corps subtil des Anges couraient à la vitesse de leur pensée, leurs successeurs volent à celle de la lumière : match nul, ils arrivent *ex aequo*.

Elle, inquiète :

— D'où, par où ?

Lui, triomphant :

— Progrès : nous voyons le visage et le corps des nôtres, alors que les anciens Anges ne se montraient pas, ou rarement.

Elle répète ce qu'elle voit :

— Malheur au matin, à midi et le soir ! Catastrophes, incendies, tremblements de terre, volcans, épidémies, famines, polémiques, scandales, mécontentements, coups d'État, guerres, crimes, injustices, assassinats, procès, cadavres, cadavres, cadavres… pleuvent sans cesse les mêmes mauvaises nouvelles… tragiques : une seule, la

Images de télévision, Chine, juin 1989 (à gauche et au centre); et France, janvier 1991 (à droite).

Selon Aristote et le théâtre classique, la Terreur et la Pitié constituent les deux principaux ressorts de la Tragédie. Les religions qui interdisent les images enseignent que toute représentation dérive, toujours, vers l'exhibition de la mort. Conservant avec piété les théories les plus anciennes, pour leur efficacité à coaguler la foule, nos informations abondent, aujourd'hui, en tas de cadavres, l'électif objet de leur prédilection.

Peu importent les moyens de les produire : guerres, accidents, révolutions, meurtres, assassinats... Le compte exact des choses montrées met en tête, et de loin : la charogne.

mort, se répète en cent figures, réitérées depuis l'aube de nos temps. Nous revenons aux époques les plus archaïques.

Elle insiste :

— Compte-t-on le nombre énorme des morts qui remplissent nos oreilles et nos yeux, nos assiettes et nos verres, donc notre bouche, aux repas ?

Il indique, scientifique :

— A lire les statistiques, un adolescent a vu, à dix-huit ans, dix-huit mille meurtres. Trois par jour, au moins, matin, midi et soir.

Elle demande :

— Cette imprégnation va-t-elle changer notre histoire ?

Lui, à son tour angoissé :

— Quel enfer prépare ce conditionnement force-né de l'appétit ?

Elle, méticuleuse :

— Un découpage menu des localités mineures du monde, où le feu explose et le sang se répand. N'exposant que les tués, le village dit global se détaille désormais en petits lieux, dont la notoriété n'accède à l'univers que sous condition d'assassinats géants : à connaître la leçon, qui ne l'applique pas ? L'écran gît au centre actif de cette spirale qui s'alimente elle-même.

Lui, juridique :

— A qui profitent ces crimes ? A quoi bon ? Pourquoi ?

Sûre d'elle :

— Pour la puissance et la gloire.

Lui, dégoûté :

— Mauvais signe : dans son assiette, nul ne vomit !

Elle, rêveuse :

— Que s'est-il donc passé, au changement des annonceurs, à la relève des Anges ? N'avons-nous gardé que les déchus ? Ne tendons-nous l'attention et le regard qu'à la gloire de la mort, aux ordres du meurtrier, Puissance de la terre, Trône de la gloire et Domination des hommes ?

Lui, mendiant :

— Parmi ces répétitions mornes de toutes les vieilleries du monde, à quand une vraie nouvelle, et bonne ?

Elle répond en interrogeant :

— Une seule, suffisante, nous sauverait-elle ?

Lui, certain :

— Mais nos canaux n'en diffusent plus : l'Audimat de nos repas nous force à manger des morts et à boire du sang versé.

Elle, tenant le menu :

— Redevenus anthropophages, les hommes dévorent les hommes, en nombre, immense masse à l'étal des morgues.

Il se détourne.

Elle, résolue :

— Matin, midi et soir, désormais, en moi et

autour de moi, je chanterai la chair divine et la vie miraculeuse.

Elle présente le pain et il sert le vin dans les verres.

Ensemble :

— Que choisissons-nous de manger ?

*C*omme une naissance qui, régulièrement, recommence, chaque repas répare la vie : pain et vin restaurent sang et corps.

Lubin Baugin (v. 1612-1663), *Nature morte aux gaufrettes,* Paris, musée du Louvre.

APRÈS-MIDI

*Q*uadrupèdes et diptères,

animaux à tête d'homme,

composés de plusieurs corps,

des monstres annoncent,

dès la porte, qu'ici nous changeons

de monde : marcheurs à pieds,

nous allons voler ;

bêtes stupides au front bovin,

nous aurons à penser.

Au seuil des temples ou des palais,

le taureau ailé ou *Kéroub* assyrien

remplit l'office de guide

vers un autre sens ou une nouvelle

direction : le rôle d'un échangeur.

Taureau ailé, en provenance

du palais de Sargon à Khorsabad,

près de Mossoul, Iraq,

site de l'Assyrie ancienne ;

VIIIe siècle avant Jésus-Christ.

Paris, musée du Louvre.

*É*changeur d'autoroute.

CHÉRUBINS

— Sans eux, qu'aurais-je appris et qui inventerait ?

— De qui parles-tu ?

— De toi qui montras la grammaire à ta nièce, de l'annonceur qui présente les nouvelles, de ceux dont l'annonce transforme nos vies.

Ces enseignants ou messagers ont deux existences : celle de là-bas et celle d'ici-bas… de la syntaxe et de l'étudiante… comme les bêtes qui marchent et volent relient deux mondes. Le vieux rêve de se faire oiseau mime le passage du pesant au volatil : des pattes aux ailes.

— Animaux, machines, hommes : amphibies…

— Simple décollage : rentrez le train d'atterrissage !

— Pas si facile ! Devant les temples de Babylone, veillaient, jadis, des taureaux ailés à tête d'homme, que les Juifs de l'exil ont rapportés à Jérusalem pour garder l'Arche d'alliance. Le mot assyrien *Kéroub* désignait ces êtres à triple nature, d'où vinrent les Chérubins.

— Anges et bêtes ?

— Ris donc, mais écoute-moi ! Connais-tu des monstres à cheval sur deux ou trois espèces ?

— Assurément non.

— Si un messager te conduit par la main pour changer de place dans un même espace, te trouves-tu avancé ?

— Non. Le train amène de gare en gare et l'automobile de stations d'essence en péages sur les mêmes autoroutes. Quel ennui !

— Alors que les oiseaux, lancés du bord des génoises, courent les nuages et les turbulences aériennes. Ils changent d'élément.

— Ah ! j'ai connu un oiseau, Pia. Mon guide m'encorda par le baudrier pour m'ouvrir un autre monde : la glace et le rocher ne diffèrent pas qu'un peu de la terre labourée ou de la prairie florale, les parois verticales s'élèvent tout autrement que les sentiers dans la forêt ; le corps se transforme, là, le pain et le thé n'y ont plus le même goût, le volume dans lequel, humble et extatique, douloureuse et comblée, la cordée se glisse et qu'au sommet elle contemple, soudain consolée, ressemble plus à la Terre planétaire

qu'au lopin labouré. Tout change : la vue, le toucher, le souffle et la sueur, le silence, la proximité de l'air et du ciel, la vie et le voisinage de la mort, le sourire de l'autre et le vol de l'esprit.

J'aime l'oiseau qui m'a mis des ailes aux pieds ; non, Pia, je ne devins pas volatile de moi-même, loin de là, mais, grâce à lui, j'ai passé, comme un voleur, en ce monde différent et grand.

— Cette reconnaissance spéciale, nous l'éprouvons donc envers ces extraordinaires pédagogues qui nous font changer de monde.

— Pia, l'Ange mènerait-il une double vie ?

*É*changeur en tête de cordée, le guide marque la trace, taille des marches, assure, conseille ou encourage... conduit son client dans un univers différent, qui contient les conditions nécessaires du monde ordinaire : stockage d'eau par la neige et les glaciers, rochers en attente d'érosion et d'effritement dans les vallées, ensoleillement précédant les adoucissements de l'atmosphère basse... En bas, l'habitat ; mais, en haut, la planète. Un philosophe à la recherche des conditions a donc besoin d'un guide en haute montagne.

— Multiple, même, ironique ami, car il participe de la terre et du ciel, gypaète ou crécerelle, mais, ailleurs, de la chair et de l'esprit, de l'abstrait transparent et du concret visible...

— ...comme une figure de géométrie...

— ...de l'intelligence et du sensible... entendu et inouï...

— ...comme la musique réussie...

— ...du visible et de l'invisible...

— ...comme la peinture ou les mathématiques... Je me souviens, Pia, de celui qui m'apprit la Géométrie : quel saut périlleux, mes frères ! A partir

cousent, ce faisant, l'unité du nouvel Univers. Avec eux, nous faufilons le disparate : la science avec la misère...

— ... le théorique et le concret, du matériel avec des logiciels... Nos techniques les plus avancées répètent donc les fonctions angéliques de guide ?

— Nous ressemblons de plus en plus à Tobie, cheminant derrière Raphaël...

— Mais où nous emmène-t-il ?

— A travers mille échangeurs !

— Comme ceux des autoroutes ?

— Ils résument et rendent possibles nos messageries.

— Les oiseaux ou les grenouilles, les avions et sous-marins, les annonceurs et les professeurs jettent-ils leur corps comme des échangeurs entre la vie terrestre et l'aquatique ou l'aérienne, ici, et là, le connu et l'inconnu ?

— Entre les ailes de l'oiseau et l'échine du taureau, voici la réponse à ta question : les Chérubins-échangeurs ! Les Anges transportent messages et passagers, certes, mais, amphibies, les Chérubins connectent en eux deux mondes.

— Vrai. Le guide connaît le mien et l'autre, où il m'entraîne, peut faire deux gestes, a deux corps, le lourd de plaine et le léger de montagne. Rentrant soudain ses pieds, il déploie ses ailes, je le jurerais.

— Plus angélique enfin que le messager, le corps de l'échangeur assure, en effet, la possibilité des passages, la plasticité de la messagerie.

— Qui peut voyager sans prise électrique multiple, femelle et ronde derrière et mâle et carrée

*É*changeur vivant, le guide
ou pédagogue jouit
d'un double corps :
celui qui s'adapte à l'enfance ;
et l'autre,
qui la tire et l'emmène
vers un monde où, loin de marcher,
l'on vole, où, au lieu de rester
malade, on guérit, où,
à l'aveuglement se substitue
la clairvoyance et, à la froideur
de la femme, l'amour.
Francesco Botticini (1446-1498),
L'Archange Raphaël
et le jeune Tobie.
Florence, Santa Maria del Fiore.
En bas, sur la droite,
le jeune adolescent tient à la main
le poisson dont le fiel servira
de remède à son père ;
un mouvement concerté
va et revient de l'enfant
à l'homme, et de la bête aquatique
vers l'Archange-oiseau, volatil ;
à leurs pieds, suit le chien,
trottineur. Le tableau fait
fonctionner un échangeur entre
les performances de plusieurs
espèces, que connectent
les deux mains tenues.
Avant que d'apprendre,
un garçonnet contemple, d'en bas,
toute la pédagogie en acte.

devant, hermaphrodite ? Comment se raser en France comme en Amérique sans ce traducteur ? interroge Pantope, rieur.

Comment faire fonctionner quoi que ce soit, aujourd'hui, sans ces clefs amphibies : enseignants ou oiseaux, tout à l'heure... et maintenant brasseurs et routeurs, semi-conducteurs, inverseurs, transformateurs, commutateurs, redresseurs, transistors, silicones, microprocesseurs... organes ou machines destinés à connecter, transférer ou traduire mille fonctions ou machines les unes dans les autres ?

Les réseaux ne se relient entre eux que par une haute technologie de tels échangeurs. Sans ces derniers, pas de circulation longue sur autoroutes ni de conversation téléphonique par le monde ni de liaisons entre ordinateurs, pas de réseaux de réseaux en général.

*U*n échangeur connecte des réseaux de tous ordres : physique, vivant, humain ou intellectuel ; et de toutes échelles, ordinaires ou microscopiques. Chérubin, dans le genre des Anges ; guide et pédagogue, pour les petits d'homme ; carrefour en feuilles de trèfle, par les routes et chemins... circuits intégrés composants d'un réseau

et milliards de synapses

au bout des neurones du cerveau,

pour ce que nous savons,

aujourd'hui, fabriquer

ou comprendre.

A gauche, tableau montrant

les composants d'un réseau :

les circuits intégrés apparaissent

comme des rectangles.

A droite, micrographie

d'une section de la moelle

épinière. Sur la photographie,

la matière grise apparaît en jaune.

On parle même d'implants, dans le cerveau, pour connecter une pensée aux autres, implantées de même.

— Nous débattions tantôt du sexe des Anges, vieux problème une fois de plus résolu : le sexe porte, hélas, un nom de section, de coupure, alors que l'échangeur réunit ; j'ose le dire, les Chérubins vivent en coït constant, dans l'angélique joie de la convenance.

Vivrons-nous éternellement une telle merveille extatique ?

— Autres exemples, proches de nous : les dictionnaires servent d'échangeurs entre les langues... avec les grammaires et les traducteurs.

Peut-on en concevoir entre les lignées humaines ? Oui. Par l'enfant choisi, l'*adoption* noue à des familles des tribus sans aucun lien : Œdipe connecte à une dynastie de rois une lignée de bergers…

— … complexe, cet entrelacs !

— Ris à sa santé ! Fils de Dieu et fils de l'homme, Jésus, par sa double nature, entrelace le genre humain à la Trinité. Notre espèce devient universelle, dès lors que je puis appeler quiconque, au choix, ma sœur ou mon père, et non pas seulement mon géniteur ou mon collatéral par les liens du sang. Législation et religion de l'adoption induisirent la plus étonnante révolution que l'humanité globale ait jamais connue.

On peut toujours opter, plus ou moins aisément, pour une femme, une maîtresse, un mari ou un amant, et voilà le mariage ou ses équivalents sexuels ; mais qui aurait eu l'audace de donner, dans la reproduction génitale, domaine de la nécessité, sa mère ou son frère à choisir ? L'adoption fit ce miracle, en ajoutant aux dispositions du droit romain le mystère de l'incarnation.

Il nous fallut beaucoup de sciences et de temps pour montrer l'unité de l'humanité, alors qu'il suffit d'un peu de piété pour la connecter.

— L'échangeur donne une clef pour le passage entre deux mondes et nous en tenons, maintenant, un trousseau ou un clavier : matériaux semi-conducteurs, pour les choses inertes ; dans les mille techniques de pointe : échangeurs ou microprocesseurs ; chez les vivants : coïts, hermaphrodites ou amphibies ; dans les langues : dictionnaires ou traducteurs ; en politique : ambassadeurs ; dans les sciences : interfaces ou interférences ; pour le droit et la religion : adoption…

— … en somme, le Chérubin. En soi, il intègre des intermédiaires.

— En échange du billet, le guichet me livre mon titre d'accès à bord, espace de passage ; ainsi, Pia, dès mon arrivée, m'as-tu donné la clef de ma chambre de l'hôtel, lieu de transition… celle de ma voiture, autre sas…

Ainsi peut-on construire une messagerie générale, par connexions, non plus seulement entre stations, ce que fait le simple Ange-messager, mais entre réseaux.

— Voilà, dans le classement, le niveau supérieur. Avion à ailes et pattes, le Chérubin ne convoque pas seulement des individus, mais connecte d'immenses foules, de grandes populations déjà intérieurement reliées, des espèces ou familles d'entrelacs.

— Il suffit d'ouvrir les yeux pour voir les Chérubins : la cohue passe par l'aéroport, échangeur à son tour et clef multiple pour d'autres mondes… il la traite, elle le mobilise. Tout échangeur permet de changer d'espace, d'échelle, d'ordre… hétérogènes entre eux, et de construire l'unicité de l'univers en conservant les différences locales.

— Il aide, enfin, à l'avènement de la justice. Ensemencer d'échangeurs plusieurs réseaux permet de répartir et d'égaliser les flux, en tous lieux : chacun en a sa part et tous le transmettent en entier. De leur position et de leur bon fonctionnement dépend un équilibre global qui pourrait tendre vers l'équité.

— Comment se fait-il alors que notre Villeneuve mondiale produise un déséquilibre vertical global, une aussi féroce iniquité, au moyen de mes-

*É*changeur ou trait d'union,

le pénis érigé peut se dire,

indifféremment, organe

de l'homme et de la femme,

selon que le même *de* exprime

le génitif, ici bellement nommé,

ou subjectif, par retour

vers l'origine, ou objectif, par envoi

de l'intention ; creuset de mélange

ou conjonction de coordination,

le vagin appartient à la femme

ou à l'homme,

selon que la possession se dit

d'une propriété

ou d'une acquisition,

d'une nature ou d'un don.

Échange, alors : qui croit léguer

reçoit et qui pense prendre livre…

une spirale positive, une hélice,

sans cesse alimentées en retour,

élèvent aux cimes les amants,

verticaux jusqu'au vertige.

Bas-relief,

dans l'un des quatre-vingts temples

de Khajurāho,

ancienne capitale religieuse

du Bundelkhand,

Madhya Pradesh, Inde.

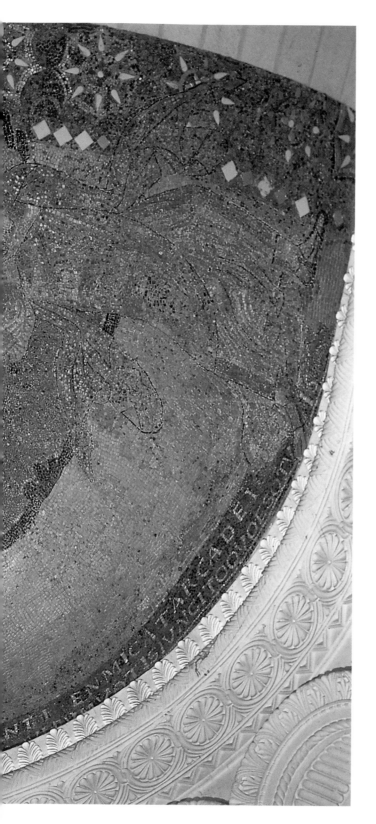

sageries où les échangeurs pullulent et devraient donc permettre l'équilibre et la justice ?

— Il faudra parler de la chute des Anges !

— L'angélologie, au nom si laid qu'Angélique le rejeta, dit-elle la philosophie de l'univers en gésine ?

— Ce pourquoi nous voyons partout ces monstres au corps étrange.

— Vive les vacances en avion, vive les guides et les professeurs, mes pères et mères, vive les chimères !

Pantope, éclatant de rire :

— Avion fut le nom donné à une machine dont les premiers constructeurs crurent qu'elle battrait des ailes. Contresens, puisque son fuselage mime plutôt le corps d'un gros poisson et que ses ailerons imitent des nageoires.

Contre l'usage, si nous lancions : piscion ?

Si l'histoire dit vrai, que les Chérubins tirent leur nom des taureaux ailés, gardiens des temples et palais assyro-babyloniens, alors il devient tout naturel que ces Anges, en olivier plaqué d'or, gardent et conservent, sous le Tabernacle, ensuite dans le Saint des saints, l'Arche d'alliance, puisque cette boîte noire (*arca*, un coffre, en latin) contient les Tables de la Loi, témoignages mosaïques de la promesse divine, Pacte entre le peuple hébreu et Yahvé. Deux Êtres à double corps garantissent la convention à deux partenaires. *L'Arche d'alliance.*

Mosaïque (IXe siècle) de l'abside, en la chapelle palatine de l'église carolingienne construite par Théodulf (v. 750-821), à Germigny-des-Prés.

L'amour des Chérubins

transforme une personne

en une autre ;

la pire méthode consiste

en batailles et assassinats :

comme en un coït vil,

la violence mêle ;

les antagonistes se ressemblent.

Amour ou haine ?

Dangereuse ou pitoyable,

la bête qu'achève saint Michel ?

Quelle différence entre le bras

de l'Archange et celui du Dragon,

levant tous deux la masse d'arme

ou le sabre ? Entre les éperons

du soldat et le bec acéré

du monstre ?

Entre la muleta du matador

et les cornes de la bête qu'il torée ?

La balance qui s'attache

à la cuirasse et au bois de la croix

aide-t-elle à décider ?

L'Archange et le torero

à l'habit de lumière

deviennent-ils les bêtes

qu'ils tuent ?

Maître de Saint Sébastien,

Josse Lieferinxe,

Saint Michel terrassant le dragon.

Avignon, musée du Petit-Palais.

*M*atador à la muleta,

Espagne, 1956.

ANGE ET BÊTE

Pantope, docte :

— Chimère signifie : animal à deux parties du corps croisées en X.

Pia redouble d'érudition :

— Veux-tu dire du Chérubin : qui veut faire l'Ange fait la bête ?

Pantope change de ton, et bêle :

— Finirons-nous cet échange sur les Anges à quatre pattes, à braire ou glapir ?

Pia se redresse et exige :

— Comprenons pourtant ce qu'ainsi parler veut dire.

Il tombe en enfance :

— Que la bête devint belle, par exemple ?

Elle, en politique :

— Inversement, que le pouvoir passe du pinacle au tribunal.

— Voici, enfin, la chute des Anges !

— Et leur rachat. Si des mystiques glissent à la débauche, Dom Juan se fit moine, dit-on.

Pantope raille :

— De qui perversion et conversion sont-elles les deux mamelles ?

Pia rectifie et recommence :

— Mouvement d'inversion, plutôt, et, en somme, renversement d'un curieux bilan : ceux qui, à partir d'un point très bas, parviennent à la gloire excellente, puis l'excèdent, peuvent la dépasser de l'autre côté, vers l'ignominie : ont-ils marché sur les bras d'une balance déséquilibrée, au-delà du point d'appui ? Passé le sommet de l'ascension, les voici qui dégringolent. La même force qui les élevait les fait basculer.

— L'image de la justice branle ; entrons-nous dans le règne de l'injustice ?

— Pas forcément ; mais décrivons la machine.

Lui, toujours physique :

— Les icebergs se retournent brusquement ; et pourtant ils fondent sans arrêt : la mer et l'air font les deux plateaux de la balance !

Elle, plutôt collective :

— Les Romains disaient petite la distance entre le Capitole, cime ultime d'où régnaient sur le peuple les empereurs, et la roche Tarpéienne, d'où l'on précipitait les coupables présumés ? Le même, en pleine gloire, risque vite de subir le

*H*aute, la droite élève l'élu de son côté, alors que la paume gauche, abaissée, paraît peser sur le plateau condamné ; dans le camp bénéfique, le mâle salue, pendant qu'Ève, plus basse, supplie, dans la mauvaise partie. Ni saint Michel, malgré les dizaines d'yeux qui parsèment ses ailes, ni le peintre, ni quiconque ne s'étonnent de ce que la balance, image de la justice, penche toujours vers le côté droit, comme l'imposent nos langues qui disent, injustement : le droit. Qu'exigerait la saine équité ? Que le fléau se redresse ! Qu'il se remette donc droit ? Mais il l'est !

Roger Van der Weyden (1400-1464), *Saint Michel pèse les âmes*, détail du *Polyptique du Jugement dernier*. Beaune, Hôtel-Dieu.

*C*alme et déventé, l'océan reflète

une image symétrique qui exprime

le renversement permanent

de ces monceaux énormes d'eau

pure et glacée, lorsqu'ils fondent,

à des latitudes plus clémentes.

Alors que le quartier bas s'exalte,

le dominant s'effondre

et se cache sous les eaux.

Le cycle ne cesse pas,

pour les hommes et les choses.

Iceberg flottant,

au nord du Groenland,

pendant la nuit polaire.

pire supplice, et tel, victime longtemps, se met, royal, à prévaloir.

Court, le chemin entre la puissance et l'outrage présente, au beau milieu, un point où tout se renverse, comme sur un fléau qui culbute ; sur un bras, il domine et sur l'autre périt. Pourtant il s'agit du même balancier !

— Tu parles des hommes, non des Anges.

— De nos semblables, qui ne veulent pas le rester !

— De nous, certes, mais aussi des choses : le remède sauveteur devient drogue ou poison qui tue, sans changer sa substance notablement ; tel bruit engourdit et endort ou réveille, au contraire ; mortel, dangereux, nuisible, tel parasite, parfois, préside à une évolution favorable. L'aise mâche et l'amer charme.

Elle passe de la pharmacopée à la médecine :

— Égarée pendant l'abondance bouffie, la santé se recouvre à la pénurie ; perdue, inversement, par la pauvreté, la suffisance la retrouve, avant la pléthore qui la perd encore.

D'où ces exhibitions inégalitaires : à côté des misérables qui s'épuisent pour manger, les riches gambadent pour crever la dalle... des haillons de clochards égayent les fesses de millionnaires, dont certains enfantent la « gauche caviar » qui domine, ignore, méprise, parasite et trahit le peuple.

— Continuons intrépidement : le bloc de glace flottante baigne dans l'eau et donne prise au vent ; à l'interface, les conditions changent, brutalement, et tout pivote.

— Depuis l'enfance, nous savons que, plus vite tourne la toupie, mieux son axe reste fixe et immobile.

— Généralise hardiment : cette liste interminable de réponses réversibles annonce une même classe de questions.

— Sous une même règle constante de renversement. Dans le corps des Anges et des Chérubins, de tous les métiers intermédiaires, on dirait que vibre un balancier sensible, comme un métronome réversible.

— Il stabilise un système, loin de le fragiliser. Toute organisation qui dépasse la simplicité naïve d'une masse homogène et pesante, comme un sac de sable posé sur le sol, comporte des poches où les lois, en se renversant, contribuent à la consolider, loin de la déconstruire.

Le non ne s'oppose pas au oui, mais collabore avec lui pour construire un système plus raffiné. Exemple entre mille : loin de tuer les mathématiques, les anciens Grecs découvrirent la mer illimitée des nombres irrationnels, en découvrant une contradiction sur les pairs et les impairs ; la grande Géométrie naquit de porter en soi ce métronome, ce tangage et ce roulis dont l'amplitude assure la stabilité des bateaux, d'autant meilleurs qu'ils versent d'un bord à l'autre.

— On voit cela aussi dans les sociétés : Louis XIV tenait de Dieu sa puissance de roi absolu ; au nom de ce droit divin, il régentait les sujets de son royaume, et, par exemple, les évêques, Bossuet, en particulier, dont, cependant, les oraisons

*L*orsqu'il combattit, pour le tuer, le lion de Némée, Héraklès s'aperçut-il que la dépouille cachait, déjà, un homme-dieu, comme lui ? Et quand il revêtit lui-même sa peau et sa fourrure, ses ennemis voulurent-ils, en le combattant, purger le monde d'un monstre ? Le héros des combats, s'identifie-t-il à une bête fauve ? Animal ou dieu ? Choisissez.

Dans la peau du lion, Héraklès brandit la massue et menace Cerbère, aux Enfers. Vase corinthien. Paris, musée du Louvre.

funèbres tonnaient des grandes et sévères leçons qu'il pouvait, en ce même nom, se glorifier de faire au roi, présent, courbant la tête sous la loi de ce tonnerre, et s'avouant, après le prône, mécontent de soi-même. La règle royale devient absolue et universelle après passage par l'enfer local de son contraire : l'humilité de Louis devant l'officiant des autels.

— Plaisant et faible accord que celui qui ne trouverait jamais d'obstacle devant lui ! Le seul vrai oui demande-t-il, quelque part, un non qui le surexcite, comme la discordance de l'accord de septième rend plus délicieuse encore sa résolution ?

— Physique ou humain, le monde fait voir plus de toupies que de tas de cailloux posés là !
Comme si une balance générale en réglait de petites distribuées partout.

— Le oui implique une tragédie ; à l'annonce faite par l'Ange, le dévouement de Marie s'expose au sacrifice : passible de lapidation, si Joseph l'accuse d'adultère...

— Je n'avais pas vu ce danger de mort, avant que naisse la vie.

— Veux-tu voir un Ange devenir un animal ? Quand une faena étroite et longuement suivie fait s'approcher le torero du fauve, l'art consommé exige la fusion entre le héros revêtu de l'habit de lumière, l'Ange, et le pelage noir des forces mortelles, la bête. On ne voit plus qu'un vivant unique, à sabots de corne et à épaules d'or : voilà comment naissent les Chérubins archaïques.

La vision du prophète Ézéchiel, les statues des fétiches antiques, demi-homme et mi-taureau, reproduisent ce voisinage solennel où le peuple fête, en cris d'admiration et d'angoisse, le souvenir de l'époque immémoriale où le sacrifice humain dériva en sacrifice animal : qui va mourir, au centre de l'arène, hurle-t-il ? L'Ange ou la bête ? Voilà comment naissent nos dieux. Devient dieu, en effet, qui peut tuer la bête, à condition qu'elle puisse le tuer : vois cette balance fonctionner.

En changeant de souvenir, je crois voir encore les images de mes livres de petite fille, où Hercule, demi-dieu, s'habille de la dépouille fourrée du lion de Némée, qu'il vient de tuer : s'y cache-t-il ou devient-il vraiment cette bête fauve ? Quiconque lutte contre lui peut s'y tromper : homme ou bête ? Qui cachait cette peau, déjà, quand Hercule, vainqueur, s'en saisit... bête ou homme ?

Pendant qu'il affronte l'hydre, le sanglier, le taureau, combats douteux à l'issue indécise, nul ne sait qui va gagner, des bêtes immondes ou de l'homme, qui va tuer ou être sacrifié, de l'animal ou de l'Ange envoyé pour purger du mal la face de la Terre : le fait qu'il s'enveloppe dans la fourrure jaune du monstre montre, tout justement, l'indécidable de la lutte... des passes à la *muleta* ou de la décision finale *a recibir*, quand la corne et l'épée se lancent ensemble vers le défaut de l'épaule ou celui de la cuisse... toujours la loi du fléau branlant !

... d'où l'émotion qui nous étreint, comme au cours de toute guerre, et qui fait assister tant de gens aux rencontres de sports collectifs, opposant

La balance s'équilibre.
Au milieu, le bras plongé
au lieu naturel, l'amour,
sans jalousie, joue.
Il efface toutes les frontières,
même les plus dures : celles
qui séparent le profane du sacré.
Tiziano Vecellio,
dit le Titien (1488 ou 1489-1576),
L'Amour sacré, l'Amour profane,
avant 1515. Rome,
galerie Borghèse.

villes ou nations. Quelle mêlée, chimère aux maillots rouge et bleu, reculera, tout à l'heure ? Suspens... sais-tu que ce vieux mot, en français, veut dire : balancer ?

— Encore !

— Ainsi grimé, Hercule, héros ou demi-dieu, Ange et bête, sacrificateur violent, purificateur, sur son passage, de onze dragons dont la violence infeste le monde, devient, tout à coup, l'un de ces monstres, quand, revêtu de la tunique maligne, offerte par le centaure Nessus, mi-homme mi-quadrupède lui-même, il brûle, au sommet du mont Œta, aussi bien des poisons intérieurs à la robe qu'au bûcher de l'holocauste...

— ... demi-dieu parce qu'il participe, à la fois, de la nature divine et humaine ?

— Ou à la nature angélique et bestiale !

— Sacrificateur et sacrifié, sans distinction aucune. Mort dans les deux cas.

Pia plie le pan de sa jupe et demande :

— Et nous-mêmes, n'étions-nous, jadis, vêtus de peaux de bêtes, que pour faire croire que l'homme est lion ou loup pour l'homme... pour assassiner plus sûrement ceux que l'on affublait, ainsi, d'une apparence animale ?

— Si tu veux tuer ton chien, dis qu'il a la rage ; si tu désires étrangler ton voisin, dis qu'il est un chien ; jette-lui sur les épaules la dépouille d'une bête.

— Voilà l'origine de nos vêtements : leurre pour un meurtre...

Et, en arrangeant ses cheveux, elle dit :

— ... ou du cosmétique au divin charme : je t'aime, mon Ange ; et l'Ange montre ses plumes et sa robe transparente sur un corps diaphane.

— Lorsque Spinoza écrit que l'homme est un dieu pour l'homme, il décrit donc nos amours ou nos admirations comme conditionnées par la croyance étrange que l'aimée n'appartient plus à

l'espèce humaine, mais à une famille divine :
voilà comment naissent les faux dieux, d'alliance
ou de haine, d'oraison et de tuerie ; car lorsque
Hobbes écrit que l'homme est un loup pour
l'homme, il nous autorise, de même, à nous jeter
sur nos semblables, classés dans une immonde
espèce bestiale !

— Spinoza et Hobbes disent donc la même
chose.

— Mais Pascal décrit d'un coup les deux phrases
contraires, puisqu'il montre, renversé, un angle
d'écart identique. Le défaut, la bête, égale l'excès,
l'Ange, tous deux mesurés sur les bras de la
balance qui branle.

— Branlants, nous n'avons jamais le choix : nous
hésitons sans cesse entre le gros et le mauvais
œil, à faire de nos semblables tantôt des Anges,
tantôt des brutes, par admiration ou mépris.
Voici la naissance du sacré : sacrifier signifie tuer,
mettre à mort, par haine et violence, ou rendre

sacré, sacraliser, honorer, adorer. Massacrer, divi-
niser. Voilà le résultat de cette loi à renversement
perpétuel, voici la machine à fabriquer des dieux.

— Médaille d'or, président, prix Nobel, visible à
la une... ou la famille infime des invisibles. Et,
comme d'habitude, nous nous faisons nous-
mêmes du même métal que les autres.

— A quand la reconnaissance immédiate que
nous ne sommes que des hommes ? Si tu n'es que
tel, quel bénéfice énorme que celui de ne plus te
mettre à mort, bien sûr... mais puis-je t'aimer,
quand cette machine à fabriquer les dieux
s'arrête ?

— Qui m'y aidera ?

— Te souviens-tu de la vibration entre apparaître
et disparaître, quand nous parlions, ce matin, des
traducteurs, intermédiaires et annonceurs ? Nous
débattions aussi des doubles, à propos de l'Ange
gardien.

*A*utour du Christ en gloire
tournent et volent
les quatre métamorphoses
des Paroles d'Évangile :
l'aigle (*aquila*) : saint Jean ;
le taureau (*vitulo*) : saint Luc ;
le jeune homme (*omo*) :
saint Matthieu ; enfin le lion :
saint Marc. Et ils se transforment
les uns dans les autres,
autour de l'ovale d'une sorte
d'œil : synoptique ?
Homme ou bêtes, tous les quatre
écartent leurs ailes,
comme des Anges.
Christ en gloire,
abbaye San Isidoro, León,
province de León, Espagne.

Nous venons de trouver l'énoncé global de la loi de renversement : elle vibre au fond du religieux.
— Mais nous la voyons aussi fonctionner dans la nature et dans la société !
— Pourquoi pas ? Crains-tu les règles générales ? Venons-nous de trouver pourquoi, au fond, nous parlions à merveille des hommes et des choses en parlant des Anges ?
Certains schémas ne nous quittent pas.

La bonne nouvelle clôt l'ère des sacrifices et bloque la machine à fabriquer les dieux. Hermès meurt, comme le disait Jacques.
Alors, divine et verbale, la chair ne cesse de rester chair. Elle brille, paisible, et illumine la nuit de l'esprit, sujette, à la fois et objet. Paix du balancier, plaine horizontalité du fléau arrêté, justice.
Nulle différence ne sépare les dieux et les hommes, Archanges et animaux, l'amour profane et le saint, le corps et l'âme, la bête et la belle, la prière et le sexe, le coït et la haute mystique, nous sommes enfin des hommes pour les hommes... sonne la fin du règne des Anges à la naissance du Messie, qui divinise la chair et incarne l'amour : l'immanence comprend tout, en son immobile balance.
Ni Ange ni bête : tout simplement chair.

Elle cite :
— *Devant le trône, comme une mer limpide, semblable à du cristal.*
Au milieu du trône et l'entourant, quatre animaux couverts d'yeux, par-devant et par-derrière.
Le premier animal ressemblait à un lion,
le deuxième à un jeune taureau,
le troisième avait comme une face humaine,
et le quatrième semblait un aigle en plein vol.
Les quatre animaux avaient chacun six ailes couvertes d'yeux tout autour et au-dedans.

Silencieux, Pantope ouvre les yeux.
— Vois ces êtres de l'Apocalypse... animaux : taureau, lion ou aigle ; Anges aussi, puisque six ailes couvertes d'yeux les portent, comme les Séraphins de la tradition ; homme enfin, puisque l'un en a le visage : ils unissent toutes les natures. Génialement, saint Irénée de Lyon fit apparaître sous ces figures les quatre évangélistes : l'iconographie les montre ainsi, depuis. A la synthèse des êtres, il ajoute le Verbe. Animale, humaine, angélique déjà, la chair est le langage divin.

Ils se regardèrent, comme s'ils se voyaient, nus, pour la première fois, fulgurants de lumière derrière des habits invisibles.

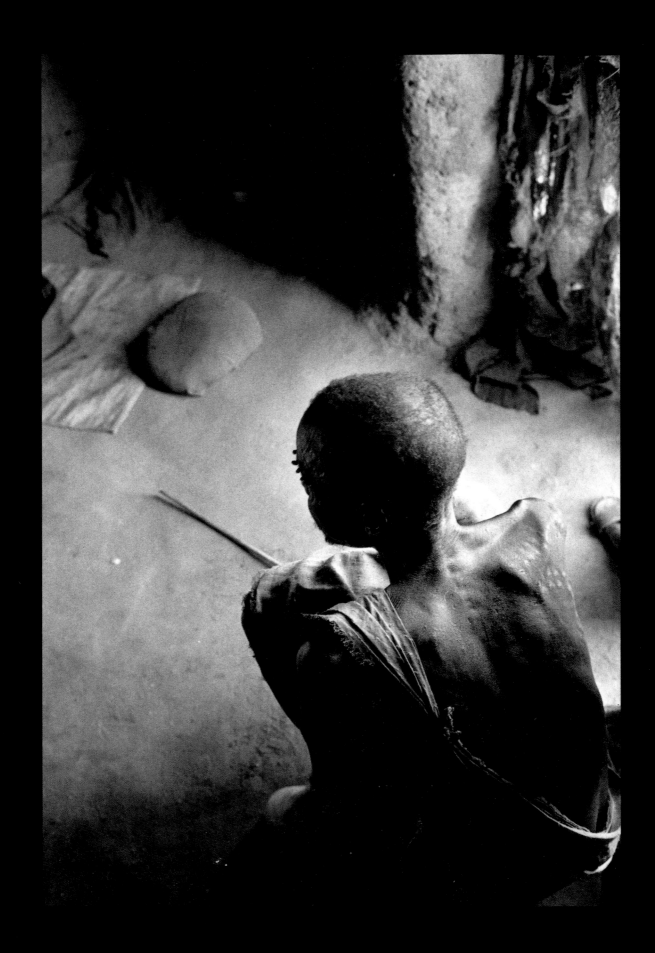

Soudain dressée à la verticale,

notre balance de justice

démocratique place au pinacle,

vers onze mille mètres en l'air,

les Anges de Villeneuve,

dont le repas, au zénith,

dure mille et quelques kilomètres.

Pendant leur digestion

malaisée, ils discutent

sur les droits de l'homme

et voyagent, peut-être,

pour des motifs humanitaires,

alors que, couchée, au plus bas,

sur un grabat plat,

la quasi-unanimité de leurs égaux

survivent à peine

dans la pire pénurie

ou un indicible dénuement.

Le polythéisme explique

cette distorsion entre nos discours

et les faits ou entre les dieux

et les mortels.

FAUX DIEUX

— Fais marcher en grand, maintenant, devant moi, la machine injuste à fabriquer les dieux, Pia.

— De tous tes yeux, regarde, Pantope, au moins si tu n'as pas honte, ces deux files d'attente : compare, à droite, celle des touristes de Berlin, Boston ou Londres, en partance pour des îles de rêve, avec l'autre, à gauche, où se mêlent des émigrés d'Afrique ou d'Asie, à la recherche d'un travail.

— Pauvres et riches…

— Non, bourgeois et prolétaires se ressemblaient plus entre eux, ici et naguère ; même, jadis, les serfs et les nobles ; ou, pendant l'Antiquité, les esclaves et les hommes libres.

*R*ectification décisive

au chapitre *Los Angeles* :

les Anges qui planent

dans le quartier haut et boivent

des potions pharmaceutiques

compliquées, destinées à repousser

 la mort, se transforment, ce jour,

en faux dieux, adonnés

au banquet olympique,

c'est-à-dire à la partouze,

aux drogues et à l'obésité.

La mythologie ancienne décrit

à merveille nos usages

et nos mœurs.

Fresque de Jules Romain,

Le Repas des dieux olympiens,

1525-1535. Padoue, palais du Te.

Le sous-titre latin de ce reportage

ment, puisque ni les dieux anciens

ni les riches contemporains

ne travaillent physiquement

et que donc ni leurs loisirs

ni leur repas perpétuel ne réparent

leurs dépenses de force au labeur.

— Crois-tu ?

— Jusqu'à quelle époque doit-on remonter pour rencontrer une aussi honteuse inégalité que celle qui déchire ces deux files, incomparables, non pas seulement dans les hardes, achetées chez le meilleur faiseur ou nippes en haillons; non seulement par le poids, la taille des corps, la santé : faces bronzées ou défigurées de maux visibles; non seulement dans l'âge et l'espérance de vie, la culture, la technique et la science, la confiance vitale et la clarté de l'œil; non seulement par la solitude et le célibat ou la vie en tribu…

— Différences de classe : bourgeois et prolétaires !

— Non, te dis-je !… non seulement par la plus forte constance de notre histoire, qui nous rapproche des singes ou des autres animaux sociaux : la hiérarchie, invariante parmi les ères et les cultures, sous des formes hypocrites plus ou moins, l'aristocratie restant l'unique forme de gouvernement…

— Différence politique : serfs ou nobles, esclaves et hommes !

— Non !… mais essentiellement l'Enfer et le Paradis.

— Encore ton échelle dantesque.

— Selon des statistiques issues de bonnes sources, Villevieille féconde, désorganisée, corrompue, sale, malade, haillonneuse et squelettique, famélique, exsangue, pleine de quasi-cadavres en bas âge, fournit encore régulièrement, pour entretenir le mouvement ascensionnel de Villeneuve, beaucoup d'argent, de la main-d'œuvre, des matières premières et de la chair fraîche aux régions riches, surnourries et scientifiques, vides et stériles, sans microbes ni enfants, éthiques et techniques, protégées par le confort, le chauffage, la nourriture à bas prix, la pharmacie, la médecine, la bombe atomique, la morale et la démocratie, préoccupées de réunions, de messagerie rose et de drogue.

En retour, par les moyens les plus sophistiqués de l'armée, de l'entreprise, de la finance et de la science, Villeneuve entretient la course implacable qui décide quel homme ou quel groupe appartiendra demain à ceux qui déjeunent, en l'air, à trente mille pieds d'altitude, en avion, et qui prennent des pilules pour dormir ou pour ne pas avoir d'enfants, êtres préservés à vieillesse allongée, finissant dans des mouroirs, et quel État ou individu – moi ou nous, bientôt, peut-être – tombera, en face, dans l'immense ensemble des condamnés à mort de la nécessité, damnés de l'industrie et de la finance, de la technique et de la science, habitants de l'Enfer ou de la vieille Ville, dont l'agonie permet d'en promouvoir de rarissimes vers un Paradis solitaire et aseptique où des obèses se droguent de régimes amaigrissants et parlent longtemps dans des colloques importants.

En vérité, comment exprimer une aussi atroce différence, dont la bifurcation ne cesse pas de diverger ?

— Par l'histoire et les classes sociales, par la politique ou par l'économie, la hiérarchie…

— Non, par la religion.

— Non !

— Villeneuve évoluée semble ignorer que rien n'est gratuit et de quels retards elle paie ses progrès. Or, pour estimer aussi les régressions ou en évaluer le bilan global, le monothéisme propose un point de vue, moral, et donne un résultat, étrange, tous deux clairs et accablants.

Et que voici : Villeneuve vit sous régime polythéiste.

— Pour que tu aies raison, Pia, il faudrait que tu montres deux mondes, celui des dieux et l'autre, la terre des mortels.

— Ne les vois-tu pas, devant toi ? La honte t'empêche-t-elle de les reconnaître ?

— Mais, que diable, qui sont, aujourd'hui, les dieux ?

— Jadis, les Immortels ne s'occupaient des hommes, condamnés à une mort précoce, que pour leur donner des ordres cruels ou leur faire la morale. Armés de la foudre atomique ou du tonnerre de Zeus, ils boivent, autour d'une table où ils ne cessent de rire, des liqueurs pharmaceutiques d'immortalité, en se livrant à des amours compliquées, dans un séjour montagneux, défendu par la force du feu et séparé des mortels, livrés, quant à eux, à la nécessité implacable… reconnais-tu ces figures olympiques ?

Oui, les vieux mythes païens décrivent, à nu et à cru, notre état flasque et notre absence d'histoire : nous avons dit ce matin la fin des aventures et la perte du temps.

— Nos sciences et leurs performances techniques, en avant et pour bénéfice, et les mythes anciens, derrière nous et en dettes, convergentils, balancés, pour faire comprendre notre état ?

— Comprenons-nous toujours ce que nous faisons : pourquoi nous sentons-nous tenus à nous immobiliser, hagards, tous les soirs, devant notre poste de télévision ? Pourquoi acceptons-nous, de gaieté de cœur, que des milliers de femmes et d'enfants se tuent, tous les ans, sur la route ou que des millions d'habitants de Ville-vieille meurent de misère chaque année ?… Perce-vons-nous le lien obscur qui unit ces habitudes ?

— Comment peut-on être occidental ?

— Par retour au paganisme. Voici : hébétés, nous prions, en silence, tous les soirs, après le dîner, un objet de bois qui trône dans nos habitats, comme autrefois un fétiche, que nous desservons plusieurs heures par jour et dont le corps émet des éclairs, de la terreur et de la pitié, comme une statue de dieu antique ; à comparer notre attitude prosternée devant cet objet domestique aux rites quotidiens des Anciens qui s'agenouillaient tous les jours face à leurs pénates, nous comprenons mieux dans quel esclavage nous vivons et de quels dieux, sourds à nos demandes, nous sommes devenus les humbles, les tacites, les inconscients desservants…

De quels dieux ? De nous-mêmes, dominés, dans nos narcissiques représentations, par les cham-pions d'une mythologie qui allie au sport et au spectacle la politique et la fortune. Nous consen-tons, le long des routes, aux divinités cruelles de l'économie ou de la finance, des sacrifices humains hebdomadaires, plus nombreux parmi les jeunes, et, comme il est normal, aux jours fériés : rites inhumains des fêtes archaïques, où

*P*rière du soir, à genoux, devant la statue d'un Cyclope, divinité dont l'œil, unique et carré, luisant de batailles, fascine, commande, scandalise, remplit d'indignation, de terreur et de pitié.

Jadis, la boîte fétiche habitait nos maisons ; nous habitons dans sa cage ou sa caverne, de bois et de verre, désormais.

nos pères mettaient à mort régulièrement leurs enfants pour satisfaire à des obligations qu'ils se faisaient à eux-mêmes et que nous ne comprenons plus.

Voici déjà des machines à fabriquer des dieux.

— Comment peut-on être dieu ?

— Majoritaires au Moyen Age, les chrétiens nommaient païens ceux qui refusaient les vérités révélées. Inversons le mot : minoritaires, les croyants deviennent les mécréants d'aujourd'hui, parce qu'ils ne croient ni aux dieux de la politique ou du spectacle, ni à ceux de l'argent ou de l'économie, de la technique et de la science régnantes, ni à cette puissance ni à cette gloire auxquelles nous sacrifions impitoyablement plus de cent vies humaines toutes les semaines : ils disent communément que si Dieu existe, Il n'est pas ici.

Voilà les critiques les plus lucides du temps !

Crois-tu aux dieux dont le corps paraît tous les jours sur papier ou sur écran ?

— Comment peut-on être mécréant ?

— Lis théologiquement les nouvelles du jour. Voici deux ans, j'allais demandant à ceux qui s'enivraient d'un conflit médiatisé le nom du pays sur lequel nous déversions des millions de tonnes de bombes. L'Éden ou le Paradis, situé, comme la Genèse le décrit, entre l'Euphrate et le Tigre. Nous détruisions notre origine, sans le savoir.

Qui était l'Ange à l'épée de feu, que faisait-il ? L'histoire des religions nous pousse, au plus profond, comme les plaques lentes entraînent terres et continents. Ses lois ne nous quittent pas.

Mais Pantope contre-attaque :

— Si tu ne peux pas montrer des Immortels parmi nous, alors les différences restent ce qu'elles furent dans l'histoire.

— Non, jamais elle ne vit cet écart entre des Mortels et des dieux. Dès que son extension s'acheva dans l'étendue mondiale, conquise, Villeneuve proposa la prolongation de la vie à ses membres, en repoussant le plus possible leur mort. Elle promet l'immortalité : voilà vers quel but ultime elle tend, maintenant.

Dans des quartiers réservés, sourds aux abois et aux cris d'enfants, quelques riches vieillards, dont l'espérance de vie s'allonge, végètent, bégayent, tremblent, parkinsoniens, jusqu'au gâtisme entretenu ou à la maladie d'Alzheimer qui les transforme en légumes, par un acharnement médical dont le forçage maintient, à grands frais, des loques sans conscience... Vaut-il la peine d'affamer, de laisser mourir sans pitié des millions de jeunes et de misérables, condamnés en échange de ce dernier projet ?

— Vive les mouroirs !

— Lancée dans le temps après avoir dévoré l'espace, dans le vide imbécile de valeurs et de fins, Villeneuve nous impose pour devise : mort à la mort – voici revenu le temps des Immortels – et mort à tous les autres – les Mortels, voici les hommes du tiers et du quart monde, définis, en effet, par la mort, pour la rencontrer au plus tôt. *Ecce homo.*

— Ne favorises-tu pas les intégrismes ?

— Lorsque nous posons la question, nous accusons les autres plus souvent que nous-mêmes,

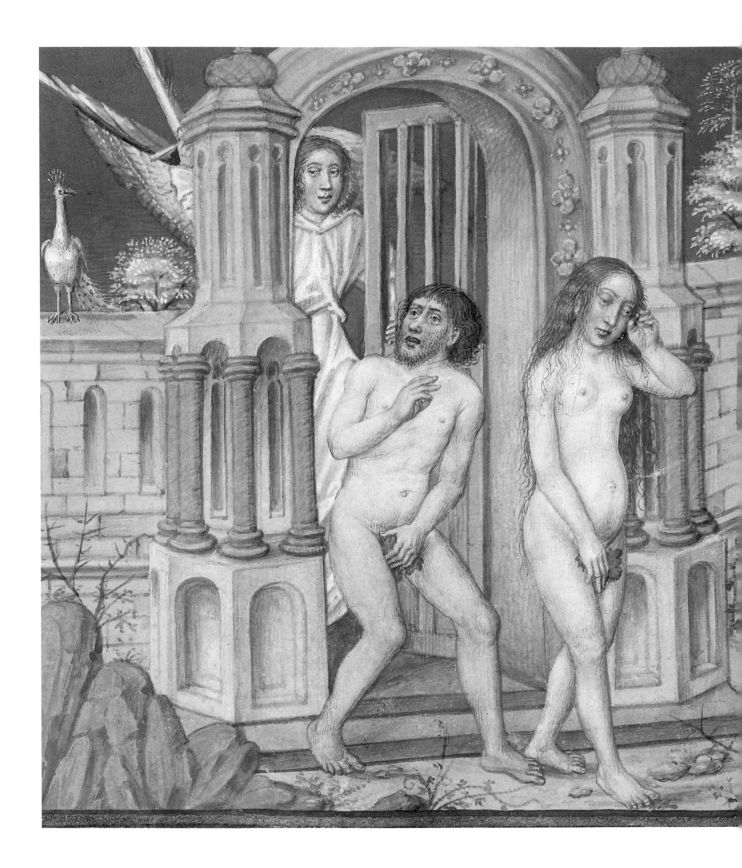

*D*evenus des dieux, contents

de manger à discrétion, de vivre

dans la propreté, le luxe

et la sécurité, assurés par la force

du tonnerre atomique,

sûrs de vieillir longuement…

les Anges de Villeneuve expulsent

du paradis ordinaire de la Terre

les Mortels, nus, condamnés

à la douleur et à la faim.

Illustration de la stratégie Nord-Sud.

Adam et Ève chassés du Paradis,

Miroir de l'humaine salvation.

Miniature flamande du XVe siècle.

Chantilly, musée Condé.

persuadés que nous nous réglons sur la science, la raison et les droits, toutes choses dont nous nous montrons à juste titre fiers ; sauf que nos démocraties excèdent, en fait, les plus féroces aristocraties de l'histoire.

Pour une fois, inversons le point de vue : que faisons-nous qui produise une telle échelle ?

Pour examiner de l'extérieur nos comportements, fais donc, aujourd'hui, réapparaître, ici, à l'aéroport de Paris, ces voyageurs d'un autre siècle, venus d'Iran, et qui rédigèrent ces *Lettres persanes*, dont la générosité ironique et charmante éduqua nos aïeux à la tolérance…

— Comment peut-on être iranien ?

— … ou un Chérubin à double corps, comme nous les décrivîmes, un échangeur, un Étranger doué de plusieurs cultures : seules les machines justes mesurent exactement l'injuste iniquité.

Sans doute cet Étranger nous poserait, aujourd'hui, la question : redevenez-vous les intégristes du polythéisme ? L'Antiquité revient-elle, aujourd'hui, comme un fantôme, parmi vous ? Votre histoire se jette-t-elle en cette mythologie que vous aimez tant que vous ne cessez de l'enseigner à vos enfants comme modèle suprême de vie, comme un fleuve dans la mer ?

Voilà le point de vue de l'incroyant, je veux dire du croyant : il se scandalise de notre régression vers le paganisme.

— Nous voilà plus intégristes que ceux que nous accusons !

— Sais-tu, Pantope, que l'on dénombrait jadis soixante-dix nations et autant d'Anges gardiens de chacune ?

— Les Anges prirent donc la place des dieux singuliers des peuples ? On dit même que les premiers marquent la trace ou le reste du polythéisme dans le monothéisme nouveau.

— Oui. Or comme notre machine à fabriquer des dieux fonctionne toujours dans les messageries, nous produisons d'abord des Anges, puis, lorsqu'ils chutent, des dieux : retour en arrière.

Dans Villeneuve ou Los Angeles, nous vivons et travaillons comme des Anges, certes, nous l'avons dit ce matin, mais nos machines ont fait d'eux, c'est-à-dire de nous, les faux dieux, cruels et insensibles, du paganisme antique.

— Quelle régression dans le progrès !

— Crois-tu, maintenant, à la chute des Anges ?

Ils regardent les files d'attente.

— Oui, les hommes et les dieux, mortels et immortels... la différence entre nous fut-elle jamais aussi béante ?

Pia :

— Une des croix de la philosophie, depuis qu'elle médite, consiste en la définition de l'homme. Jamais description proposée ne la satisfit, ni précise, ni correcte et toujours controversée : l'homme ne s'accorde pas sur l'homme,

« *A*lors, le grand prêtre déchira ses vêtements et dit : "Il a blasphémé... Vous venez d'entendre le blasphème. Quel est votre avis ?" Ils répondirent : "Il mérite la mort". » (Matthieu, 26, 65-66).

« Pilate dit : "Voyez, je vais vous l'amener dehors ; vous devez savoir que je ne trouve aucun chef d'accusation contre lui." Jésus vint alors à l'extérieur ; il portait la couronne d'épines et le manteau de pourpre. Pilate dit : *"Ecce homo"*, Voici l'homme ! » (Jean, 19, 4-5). Giotto (1266-1337), *Le Christ devant Caïphe* (1303-1309). Padoue, fresque de la chapelle Scrovegni.

196

sans doute a-t-il du mal à l'accepter pour tel. Il admire les autres, comme Anges, ou les hait, comme bêtes.

Nous n'avons besoin cependant d'énoncé ni formel ni abstrait pour le reconnaître ; qui s'avance, malade, souffrant, défiguré, de naissance ou de douleur accidentelle, vers le médecin, l'infirmier, le savant de la vie, le passant du chemin, a, par sa peine, qualité d'homme. Reconnu pour tel, désigné comme tel, parce que la condamnation usuelle, notre partage et notre condition, peut s'avancer pour lui à une heure précoce.

Qu'est-ce que l'homme ? Je ne sais, mais le voici. Voici le condamné qui va mourir à l'aube. Voici,

derrière lui, effacé désormais par nos lois, celui dont l'exécution s'avance par les décrets secrets de la nature ou du hasard. Malade, il va mourir. *Ecce homo.*

Nous n'avons jamais eu besoin de grande philosophie pour reconnaître dans le condamné à mort désigné par le pouvoir des hommes, romain ou autre, l'homme même. Nous n'avons pas besoin de philosophie pour reconnaître aussi le condamné par un pouvoir qui nous dépasse et que nous étudions tous les jours, pour le tenir à notre mesure. *Ecce homo.*

Mais encore. Derrière qui ne souffre que de maladie curable ou de stérilité réparable dans la Ville neuve et haute, se profilent les innombrables populations de la Ville basse et vieille, dénutries, couvertes des pires maladies, en proie au vertige démographique, abandonnées de nous et condamnées à mort en bloc, pendant que nous nous évertuons à bâtir d'égoïstes morales ou des concepts éthiques raffinés. La peine de mort s'avance pour eux à ce jour. *Ecce homo.*

Apparaît dans cette foule, devant nous, l'homme même, l'humanité, dans notre langue, signifiant la compassion, aussi.

Pas de justice sans la miséricorde.

Nous qui endurons moins, alourdis de drogues, et dont la science tutélaire diffère sans cesse le jour de la mort, nous qui devenons des dieux, pouvons-nous prétendre, encore, à ce nom d'hommes ?

Pas de miséricorde sans la justice ; mais pas de justice sans égalité de titre.

*V*ue du tiers et du quart monde,
produits par les nouveaux dieux.
Permanente par l'histoire,
la *Thanatocratie*,
ou gouvernement de la mort,
domine le monde.
Combats, supplices, incendies,
destructions… confirment
quotidiennement aux hommes
leur état de mortels.
Alors qu'il suffit de contempler
nos œuvres, qu'avons-nous besoin
d'imaginer l'Enfer ?
Bruegel l'Ancien (v. 1525-1569),
Le Triomphe de la mort, 1562.
Madrid, musée du Prado.

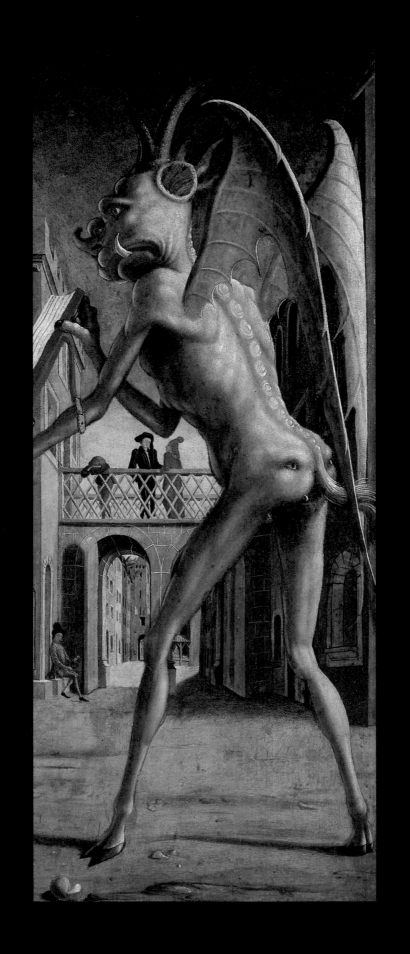

*P*our des raisons juridiques,

nous représentons sous la forme

d'un diable ceux dont

nous souffrons et qui jouissent

d'une telle puissance

qu'ils gagneraient un procès

contre nous dès lors

que nous nous en plaindrions

publiquement.

Chaque lecteur connaît donc,

dans le secret de l'âme, la légende

pour cette figure. Inversement,

qui a jamais fait semblant

d'avoir peur de cette maigre bête,

pauvre diable cornu

et au cul ocellé, victime

de notre faiblesse cruelle ?

Mais nous reconnaissons aisément

dieu ou diable dans la boule d'hydro-

gène déchaînée.

Qui donc déclencha cet incendie

mondial ? La science, la technique,

la raison d'État, les militaires,

l'obéissance de tous… ? Quelle figure

se terre sous cette lumière ?

Vaut-il même la peine

de la chercher ?

Détail du retable dit « *de Brixen* »,

Michael Pacher (1483), Neustift,

Autriche. Munich, Alte Pinakothek.

*E*xplosion atomique, Bikini, 1956.

HAINE DU DIABLE

Inquiet, Pantope dit à Pia :

— Sais-tu la différence entre bons et mauvais Anges ?

— Entre la lumière séraphique et le feu de l'Enfer ? As-tu souffert de feux qui brûlent sans éclairer, as-tu vu grâce à des flammes qui, sans brûler, illuminent ?

— Parle donc clairement, sans images.

— Peut-on allumer des clartés sans sources de feux ?

— Courage, parle, vraiment, du Diable !

— La sainteté longanime vient rarement du premier coup ainsi que la grâce ou la beauté, données de naissance ; beaucoup au contraire l'acquièrent en s'arrachant héroïquement à une existence et un temps écrasés sous le fardeau d'envies ordurières, dont la médiocrité vit : désirs de reconnaissance, de puissance et de gloire.

Comment se débarrasser de telles pestes ?

Que faire, en effet, de ce ressentiment jaloux qui entre dans le corps comme une grosse bosse, une bedaine obèse, et dont le réseau buissonne selon la grille des rides, les envies, les taches, les méta-stases du cancer ? Les jalousies se lisent sur les malaises laids.

Comment déposer cette haine, invisible, trans-parente, incarnée, toujours justifiée, ressemblant à s'y méprendre au courage et à l'engagement, eau-de-vie de la parole et des idées ? Dans quel bûcher la jeter, elle, l'ennemie transparente de l'œuvre, elle, l'obstacle à la création, elle, opposée à l'inventive bonté ?

— Si tes Anges passent, invisibles, qui ne voit le Diable tous les jours, fantastiquement présent ? Qui ne ressent pas, sur soi, en soi et dévorante hors de soi, la rancune, sans cesse ?

— Une haine surhumaine flambe haut chez ceux dont le verbe illumine et réchauffe, pour avoir trouvé la fournaise où la réduire en cendres : alors, la sainteté allume son éclat, puis l'entre-tient, de cet inépuisable combustible ; toutes les ordures se consument là.

— Je veux bien que nos violences brûlent toutes ces déjections. Mais comment, à son tour, carbo-niser la violence, le pire des maux humains ? Dans nos guerres inexpiables, le sang s'épanche

comme de l'alcool en flammes ; il court et se répand jusqu'à l'horizon... abominables incen-dies où nous projetons mille personnes, avant d'y périr nous-mêmes.

Faut-il passer, nécessairement, par la violence pour nous en purifier, comme si, en chair et en os, dans nos œuvres embrasées, nous nous trans-formions en colonnes incandescentes, brûlant immobiles et blancs, expirant, inspirés, âmes enfin devenues pures, flambant dans nos pages qui flamboient, pour avoir jeté, en ce feu mau-vais, le peu que nous possédions, y compris nos souliers, plus notre pauvre corps, des pieds à la tête ?

Comment distinguer, Pia, au milieu de ces four-naises la langue de feu, celle du Saint-Esprit, du bûcher diabolique ou des flammes de l'Enfer ?

*D*ieu crée le monde,
l'Enfer brûle les hommes :
cela peut vouloir dire l'œuvre
divine et la destruction
incapable de faire.
De la bouche de Satan jaillit
le ressentiment incandescent
de l'impuissant.
Pour produire, il faut sortir
de cette torche.
Pol et Herman de Limbourg,
Très Riches Heures du duc de Berry
(1413-1416), *L'Enfer*,
Chantilly, musée Condé.

Que faire de la haine encombrante, quand elle occupe à ce point la chair ? La flanquer dans la fournaise la détruit, sans doute, mais l'accomplit aussi, lui donne son cours complètement développé. Où mettre la haine dans nos œuvres, chair de notre chair ? Tu as parlé de flammes glacées…

— Bûcher allumé, la sainteté peut se voir de loin, comme un signal, en mer, dans la brume, alors que le ressentiment froid saccage ce qu'il rencontre, sans qu'on puisse le repérer, caché dans la transparence et par sa lucidité, dont le porte-luciole – voilà Lucifer – séduit l'intellect sans justice ni miséricorde. Invisible et implacable, il s'étend, ravage l'horizon de son laser blanc et domine le monde.
— Veux-tu dire que les haines brûlantes en soi et de soi marquent les lieux dangereux, comme font les phares ? Ne vous en approchez pas !
— Aussi s'empêchent-elles d'envahir l'espace en se consumant elles-mêmes le long de leur temps. Elles implosent. Flambent les pages, brûle un corps devenu colonne, la consomption creuse un trou noir au lieu où la racine de l'ivraie-zizanie s'autodétruit. Voilà une chance de finir en sainteté ou de commencer une œuvre.
A l'inverse, les haines glacées lancent les flammes hors d'elles-mêmes et, explosant au loin, portent la guerre par l'univers. Du feu de cet enfer qui comprend la terre, le ciel, l'histoire et nos misérables vies, le centre gèle : glauque, pâle, transparent, à peine perceptible, voici Satan, le prince toujours non concerné, se lavant les mains du sang des innocents.

*I*l faut beaucoup de temps, de savoirs et d'expériences, de sagesse et même de résignation, pour finir par comprendre que les guerres, les armées, les stratégies réglées, gendarmeries et polices, comme encadrements collectifs et juridiques de la violence, protègent, en fait, contre elle, qui devient mortelle, si elle se déchaîne sans lois.
Jupiter : le droit ;
Quirinus : la production ; et Mars : les armées, voilà un seul dieu en trois personnes, c'est-à-dire trois méthodes religieuses pour combattre la violence. Les quarante légions d'Anges se rangent donc en formation de bataille, au nom de ce dieu. Si tu veux la paix, prépare la guerre : peut-on traduire ce vieux mot sur les casques bleus ? Ridolfo Guariento (?-1378), *La Milice céleste.* Padoue, Museo Civico.

Quand les envies se carbonisent, elles donnent de la puissance à la machine créatrice. A force de créer, Dieu devient bon, si infiniment bon qu'il peut se payer un dimanche long ; à force de bonté, Il n'arrête pas de créer, continûment, jusqu'au dimanche de ses vacances ; nul doute qu'Il puise l'énergie positive de ses actes en jetant la jalousie au feu d'enfer, alors qu'au centre du Mal, le Diable, tête froide, pieds gelés, concentre une haine si glacée qu'elle reste impuissante et détruit seulement au loin, par le lance-flammes de l'envie. Le monde d'où Dieu depuis son grand travail s'absente, tombe sous l'empire universel de l'impuissance et de ses destructions.
— Dieu construit, le mal détruit ?
— L'un imagine, l'autre critique. Toute construction, rare, nécessite des légions d'ouvriers ou d'opérateurs, voilà les bons Anges ; puissances

de ce monde, les mauvais aident puissamment Satan, nom propre du tout-puissant accusateur public, à détruire.

— Tout cela me dépasse de loin, mais je tente de comprendre. A mon humble et humaine expérience, je sais ne pouvoir pas parler honnêtement de l'invention dans les sciences ni de la création artistique, sans cette morale quotidienne, gestionnaire de violence, en nous et hors de nous.

— Comment souffrir les douleurs de la haine, sans les figures conjointes du Diable, quotidien, et des Anges, rares ?

— Viens, Pantope, en voyage avec moi, pour voir, de nouveau, des statues angéliques et d'horribles démons. Debout, devant la cathédrale de Reims, sur le parvis, oublie que tu as lu des livres et ouï des doctes dont les leçons répétaient des acclamations fortes.

Horrible, elle se dresse devant toi, horrifiante et horrifiée, au sens où les poils se hérissent droits et drus sur la peau : cheveux punk ; monstre accroupi, rasé sur ses arcs-boutants, gueule ridée triple et basse, œil immense, face surmontée d'un casque, insecte, batracien géant issu des forêts

*D'*une page à la suivante,
comparer deux solutions opposées
aux questions de la violence :
la souffrance perçante, aiguë,
acérée, affilée, pointue, aiguisée,
sacrée, de l'art gothique,
au flamboiement vertical...

Extérieur de la façade occidentale.
Reims, cathédrale Notre-Dame.

archaïques et d'une ère immémoriale, griffon difforme, elle donne la chair de poule parce que l'horreur diverge des aiguilles de pierre, crêtes, pics, pointes, flèches, dents, ardillons barbelés prêts à déchirer, mordre, trouer, déchiqueter... belle ?

Haineuse, plutôt ; vouée à l'expulsion, à la rage exaspérée d'exclure, à la défense paranoïaque de ses abords; exsudant, souffrant indéfiniment la patience hideuse de la haine et du sacré – te souviens-tu de notre massacre de tantôt ? La danse immense de ses flammes vient de se geler dans

l'horreur sacrificielle. Le gothique, ainsi, exprime le sacré – le sacre de Reims.

La chrétienté peut-elle ainsi accueillir le prochain ?

— A l'inverse, le roman dessinerait la sainteté ? Lisse, nu, retiré, rarement grandiose, il s'involue dans des cercles sans pointe qui accueillent infiniment.

— Oui, le saint dit oui quand le sacré toujours répète non ; il accepte et il inclut, alors que son opposé refuse. Le saint aime, l'autre hait. Dans le gothique, l'intérieur de sainteté, serein, inverse le sacré, expulsé à l'extérieur.

— Plus proches de nous, à la fin du siècle passé, les écrivains français gothiques flamboyants annoncent donc, du sein de la sainteté, le retour du sacré, qui va ravager tout le XXᵉ siècle, en guerres totales, elles-mêmes précédées par un art qui, férocement, retourne au primitif.

Cette régression culturelle annonce la violence guerrière, mortelle. Quand les sculpteurs, par exemple, façonnaient, avant la dernière guerre, des dieux monstrueux réveillés des âges archaïques, comment s'étonner de ce que les démons jumeaux de ces divinités soient revenus, peu après, vivants, terrifiants, pour dominer nos conflits ?

— L'âge classique, Pia, méprisa le gothique, métrisa les aiguillons pointus, maîtrisa la haine folle, lâchée plus tard par le romantisme. Parlant des vieux textes du polythéisme, le premier, attaché à la foi, les appela fables, pour en rire et s'en moquer, les tenir à distance non nocive, alors que le second les décora du titre de mythes, pour en accabler notre destin et nous faire plier sous leur nécessité : notre enfance apprit à y croire comme à des textes religieux, plus encore que n'y tenaient les Anciens ; nous redevînmes païens, c'est-à-dire liés à la haine qui précipite aux sacrifices humains : ceux dont la violence ne cesse jamais dans nos représentations.

— Alors nous plongeâmes à nouveau dans le sauvage, le primitif, le barbare – je parle de nous, de ce que la culture, en nous et parmi nous, apaise et calme lorsqu'elle travaille droitement c'est-à-dire saintement ; alors le sacré, pour tout dire d'un seul mot, erra sur les places, dans la rue, parmi l'espace ; monstruosité à libre cours ; retour foudroyant à l'archaïque dont le commencement doit dater des orages et des assauts romantiques et qui eut pour résultat l'éclair d'Hiroshima.

— Aurions-nous désiré notre décadence puisque avec conscience, génie et application, nous voulûmes revenir à nos mythes d'origine ?

— En l'origine, toujours, se terre la haine, voyons, nous le savons bien.

Violences, meurtres, guerres, atrocités… la mort, toujours la mort… le sacré diabolique s'accomplit par cette répétition monotone, dont le travail n'a pour but que de s'entretenir lui-même : d'où l'absence d'œuvre.

— Nous assumons sans cesse cette violence ; la consumons-nous ?

— Feu ! Flambe le ressentiment, brûle, rouge et noire, la haine, dont les flammes montent et

… *e*t la paix horizontale, sainte, calme, tranquille, protectrice, du roman contemplatif.

Vue de la crypte romane.
Saintes, église Saint-Eutrope.

dansent, du fond de l'abîme, haut, vers l'inaccessible sainteté. Nos œuvres et nos actes s'embrasent parce qu'ils consomment du sacré comme un moteur son combustible. Le bûcher ronfle, cette machine tourne, follement, mais ne bouge pas d'un pouce, vouée au mouvement perpétuel de la haine qui se reconnaît à sa répétition.

Retourne-toi, de nouveau, devant la grande cathédrale ! L'indestructible destruction d'un feu qui s'engendre de soi immobilise les flammes en aiguilles de pierre : le gothique hérissé apparaît.

Or nos forces, je le crois, se disposent en un couple qui nous fait rouler de la sainteté au sacré, mais peut nous relever du sacré vers la sainteté. Aspirée vers elle mais en lui chutant sans cesse. Toujours la loi du renversement !

Du coup, quelquefois, une immense langue de feu aveuglante avance son éclat vers l'amour caché, discret, retiré, paisible, simple, silencieux, bienveillant, isolé, enfant sur la paille.

La lumière du foyer cherche à l'éclairer mais empêche qu'on l'aperçoive, dans sa retraite sombre, comme si le feu créait de l'ombre.

Éteignez, pour qu'on le voie ?

— Mais comment le reconnaître sans lumière ?

— Difficile d'avancer en sainteté !

L'Enfer sur terre monte en permanence le spectacle fascinant de la haine : voilà l'essentiel du manque d'œuvre et son illusion.

Tu reconnaîtras toujours les œuvres creuses au fin parfum de détestation que dégage leur lecture.

— Mais, derechef, que faire de cette aversion, encombrante comme les mauvaises herbes renaissantes irrémédiablement, sinon la brûler ?

— La vouer au feu d'enfer, au feu de tous les diables, exactement au feu sacré, foyer d'un mouvement perpétuel immobile. L'histoire itérative et monotone, stable, statuaire, se réduit au retour éternel du même. Banal, ordurier, mortel, le tragique revient sans cesse, invariant par variations. Tout le monde s'adonne aux mêmes actes et mime les mêmes pensées. Le retour au primitif implique l'immobilité du retour éternel.

L'histoire improbable, nouvelle, jeune, joyeuse, enfantine, miraculeuse durcit et se raidit dans le gothique, feu glacé.

Tu reconnaîtras le règne de la haine à ce que la création s'amenuise dans le pusillanime, l'envie et la copie petite ; dans l'indéfinie duplication critique du toujours déjà fait.

Que l'œuvre éclate à nouveau, voici le signe que la bonté grande et large a sa chance rare.

— Nous manque-t-il, pour produire, seulement des saints ?

*L*a plastique des contempoains offre cet heureux avantage qu'on y discerne mal les formes et personnages, de sorte que nul ne distingue, ici, les Démons des Anges, comme dans la vie courante.

Ainsi l'art abstrait représente à merveille le réel.

James Ensor (1860-1949), *La Chute des Anges rebelles*. Anvers, musée royal des Beaux-Arts.

*S*ur leur trône assis,

les puissances dominent.

Mais les stigmatiser,

par l'image ou les discours,

en retourne très vite le sens :

en effet, ceux qui peuvent

diffuser ces images visibles, assis

sur des trônes invisibles,

dominent, de leur transparente

puissance, les anciens détenteurs

de certains pouvoirs visibles, qui,

alors, deviennent leurs victimes.

Faut-il retourner, sans arrêt,

le sens des accusations ?

Ceux qui condamnent chutent-ils,

autant que les accusés,

dans la cruauté de leur pouvoir ?

Enfin : condamner les potentats

ou les condamnateurs,

quelle différence ?

Georg Scholtz, *Industriebauern*,

huile et collage sur bois.

Wuppertal (Allemagne),

Von der Heydt Museum.

*P*ol et Herman de Limbourg,

Très Riches Heures du duc de

Berry (1413-1416),

La Chute des Anges rebelles.

Chantilly, musée Condé.

PUISSANCES, TRÔNES, DOMINATIONS

— Instables, les Anges, dit Pia.

— Peuvent-ils tomber, de là-haut ? demande Pantope, riant.

— Je le crois, je le sais ; car, plus que nous, ils tremblent entre bien et mal, parce qu'ils les distinguent vraiment.

— Aux plus intelligents, la fragilité.

— As-tu, quelquefois, souffert de méchants hommes ?

— Mauvais, je l'ignore… mais j'ai, en effet, souvent subi, comme tout le monde, les exactions de certains, vaniteux, cruels et sans pitié, abominables.

Produite par la violence, la gloire prend la forme d'un double cône, dont on ne voit ici, comme toujours, que la moitié : une foule de mains sans tête, à la base, acclame des lieutenants, dont la petite secte, féroce, porte le poids de longs monstres, dragons ou serpents, au-dessus desquels éclate la lueur unique du lustre ou du renom, à l'extrême pointe. Sans la protection de ces bêtes immondes, la divinité deviendrait la proie de ces bras, tout prêts à la renverser, en dessous d'eux. Le fond de la décadence avoisine le sommet de cette gloire. Voici la machine sociale à fabriquer des (faux) dieux, ou des Anges déchus. Fritz Lang (1890-1976), *Metropolis* (1927).

— Voici leur drame : dès leur apparition à la lumière du jour, ceux-là reçoivent sept dons inestimables : intelligence, adaptation, créativité, vitesse, force, mémoire endurante, lumière… un génie qui les juche au-dessus. Il leur faudrait, de plus, un beau détachement pour ne pas succomber aux tentations de mépriser moins doué qu'eux ou de fondre comme l'éclair sur tout pouvoir, désormais à leur disposition.

— Bons Anges, donc, ceux qui ne succombent point à la tentation d'injustice !

— Dans le cas contraire, chutent les mauvais, qui occupent l'espace et l'histoire ; nous les rencontrons partout et parlons d'eux sans cesse, parce que nous en souffrons : Anges exterminateurs !

Parmi les potentats de ce monde, nous ne reconnaissons pas la chute fatale de ces grands esprits. Comment considérer, en effet, comme tombés ceux qui semblent monter de triomphe en triomphe ?

— Impossible : autant, la tête en bas, proclamer tous les vainqueurs vaincus et dire les cimes en abîme !

— Pourquoi pas ? Inversant la loi de la pesanteur, une attraction fatale les précipite vers les sommets !

— Faut-il donc prendre en pitié ces forts ?

— Une fragilité nostalgique, de plus, et légère, derrière leur suffisance, les marque. Elle les oblige à plus de cruauté encore.

— Celle-là, dit Pantope, je l'ai notée. Méchants parce que intelligents, intelligents parce que méchants, et les deux parce que faibles.

Injustes, ils n'ont jamais goûté au vin de la force qui délaisse la comparaison.

— La tradition les appelle *Puissances*, *Trônes* et *Dominations* : tous ceux qui perchent au sommet des échelles.

— Faut-il reconnaître, en ces noms, les maîtres de ce monde, régi donc par les Anges du mal ?

— Par leur déchéance.

— La condition angélique de ces surdoués paraît donc plus difficile à vivre que celle des hommes ordinaires.

— Certes. Qui peut résister à l'instabilité produite par l'intelligence vraie ? Qui refuse, par surcroît de bonté, pouvoir, place et dominance ?

— Presque personne.

— D'où vient la chute d'iniquité : elle tombe dans la puissance et la gloire de l'extermination. Faut-il que nous soyons corrompus de façon répugnante, pour avoir cru, pendant des millénaires, que chutent les Anges par amour des filles belles, alors que le meurtre et la guerre passent pour héroïques et forts. Nos spectacles exaltent et multiplient revolvers et assassins. Tuer, oui, aimer, peu.

La vraie justice de Dieu m'oblige à confesser que les Anges ne chutent que pour la puissance et la gloire, donc par tuerie, mais qu'ils demeurent angéliques en s'abreuvant d'amour.

Seule l'humilité, ce mot qui signifie, justement, la terre, les fait voler au-dessus d'elle. La tradition les nomme, alors, Séraphins… brûlants, suspendus…

— Ces parfaites élévations séraphiques, reprend Pantope, rêveur, nous ne pouvons, quant à nous, les imiter sans descentes, sans chutes finales, retenues ou retardées…

— Mortels et pesants !

— As-tu parfois suivi le bord bref des lèvres du ressac, te hasardas-tu avec courage dans le tunnel déferlant de formidables vagues mugissantes, en équilibre fragile sur la planche instable… connus-tu l'extase calme, en deltaplane, à quatre cents mètres, au-dessus de vallées vertes, en montagne, entre les nuages, les glaces et les villages blancs… et, plus haut encore, les foudroyantes et interminables descentes, presque horizontales, vers les bois ou les détroits d'un paysage à plat, en parachute, dans l'épaisse et sourde mutité de souffles transparents, succédant brusquement à la noise des moteurs d'avion… ou, encore, le glissement crissant du bord de l'aile sur l'air, en planeur, le long de parois verticales, dans le grand silence de l'espace… ou, plus bas, l'immobilité, aussi

*G*lissante sur le ressac

et dans le tunnel

de la vague déferlante,

la planche suit, fragile,

les lignes de force qui permettent

à l'homme de se tenir debout,

en équilibre instable,

jusqu'à l'inévitable chute finale.

Glissante parmi cent obstacles

qui se lèvent devant elle, la vie suit,

frêle et précaire,

des lignes chroniques invisibles,

en écart à l'équilibre,

jusqu'à la nécessaire déchéance

vers le désordre thermique.

Petite ou grande, improbable,

toute œuvre consiste

à prendre adroitement et suivre

un pli ou un fil.

L'accord fin et léger

de la carre de la planche

sur la vague du ressac,

par lequel l'artiste équilibriste

vole sur elle, retarde

l'obligatoire épuisement.

L'exploit, sa joie vivante,

dans les trois cas, diffèrent

le moment de l'effondrement.

soudaine qu'éternelle, à l'apex du saut élastique, sur le trampoline... aimas-tu la souplesse vibrante, presque vivante, de la planche à voile, mise en phase entre les petites crêtes cassantes et les grains des bouffées de vent frais... as-tu volé, à peine appuyée, avec un doux respect, sur de menus filets d'eau ou d'air, éperdue au-dessus de flux lâches qui ne soutiennent, légèrement, que ta perte inclinée ?

— Ravissements sans compétition, sans l'injustice induite par la comparaison... Bénie soit la femme qui vous éleva !

— L'exercice de ces sports sans luttes nous donne un aperçu furtif des ailes pleines d'yeux des

Comptons, sans hésitation, parmi les Anges : les perchistes, les sauteurs en hauteur, les gardiens de but à la parade, ceux qui plongent de haut vol, ceux qui descendent en parapente, ceux qui dansent sur patins à glace, les gymnastes aux agrès, les demis de mêlée en passe plongée… ceux à qui la forme donne un corps volant.

En deltaplane, l'expérience du comportement des masses d'air permet de s'élever, avec les ascendances, et la pesanteur aide à descendre. Comme dans le cas de la gloire sociale, l'ascension se révèle vite, pour des raisons thermiques, aussi pernicieuse que la chute, heureusement contrôlée.

Vol libre en deltaplane. Val d'Aoste, Italie.

---

vent frais, de ces flots et tourbillons ? Le dis-tu aux politiques et aux orateurs ?

— Au moyen des mots je danse la pensée sans langage que la chair, intensément, ressent dans le noir intime, soudain éclairé, soulevé, réchauffé par un mélancolique désir…

— … nulle intuition ne luit, vraie, nulle phrase ne sonne ou ne flotte, large, musicale, intelligente et calme, qui ne ressemble à ces descentes lentes d'ascensions ou d'ascendances que remontent les contre-courants de fragiles turbulences.

— Dis-moi tes chutes, Pantope, halète Pia presque silencieusement.

— Tombé-je ? Oui, quand, d'un véhicule terrestre ou aérien, le plateau branle et tremble ; oui, quand une immense lame, imprévisiblement advenue, couche la muraille du bateau et pousse le plancher vers la verticale ; oui, quand la rafale gifle la stature dont s'effondre le dédain, surpris ; oui, quand le séisme, au-dessus de sept, fait céder le sol ; oui, quand la terre se lève, à plus de quatre mille mètres, et s'amincit en crête de sorte que, couard, je n'ose plus me dresser.

Déplacement, mer grande, vent, tremblement de terre, pic aigu, apprentissages du commandement : « lève-toi et marche », moments d'avant la naissance.

— Encore, Pantope…

— Tombé-je ? Oui, devant le visage et le corps d'une femme ; oui, quand l'idée nouvelle descend avec sa forme, belle ; oui, en présence de l'Annonciation, peinte par notre Frère Angélique ; oui, quand s'approche, à la toucher, l'heure ultime…

Séraphins extatiques ; oui, seul le corps peut faire comprendre l'âme… Le courage physique entraîne vers une innocence que l'intelligence, la mémoire et la science, si souvent méchantes, ne soupçonnent même pas.

— Faut-il concevoir la foule, la masse, l'ensemble des hommes à l'image de cette mer brisée, de ce

« ... Je m'esquivois
et j'allois me jeter seul
dans un bateau que je conduisois
au milieu du lac
quand l'eau étoit calme, et là,
m'étendant de tout mon long
dans le bateau, les yeux tournés
vers le ciel, je me laissois aller
et dériver lentement
au gré de l'eau, quelquefois
pendant plusieurs heures,
plongé dans mille rêveries confuses
mais délicieuses,
et qui sans avoir aucun objet
bien déterminé ni constant
ne laissoient pas d'être à mon gré
cent fois préférables
à tout ce que j'avois trouvé
de plus doux dans ce qu'on appelle
les plaisirs de la vie. »
(Jean-Jacques Rousseau,
Les Rêveries du promeneur solitaire,
Cinquième promenade, Pléiade,
Œuvres complètes, t. I, p. 1044).
Évariste Vital Luminais (1822-1896),
Les Énervés de Jumièges.
Rouen, musée des Beaux-Arts.

La chute, possible, donne

son sens à toute ascension

ou élévation ; la beauté du monde,

miraculeuse, se révèle au terme

d'une lutte dure ; la mort, certaine,

rend extatique la vie, improbable.

La cime des montagnes,

parfois très fine, rend malaisée

la station debout.

— Vie et risque aux sommets, toi ; vie dormante au ras de l'eau, Rousseau… vie et feu dans l'univers.

— Surtout, peut-être, aux lieux de transition et de passe, où croissent le nombre et l'intensité des messages : estran et marnage où l'eau lèche la terre et où les vents la caressent, fosses profondes où le feu solidifie sa lave mêlée aux saumures de la mer, hauteurs où la terre, vers le soleil et le froid, élève sa finesse vers les turbulences aériennes légères.

— Lieux de passage et espace des échanges : transit des Anges ?

Étonné, il se tait un moment.

— Là-haut donc, plus qu'en tout autre lieu ou temps, tu te sens naître et vivante.

— Or si Dieu existe, il est la vie, le vent, le feu… l'essence de la vie, le créateur, le commencement, l'apex, le sommet, l'excellence et l'amour de la vie.

Pia coupe :

— Donc Dieu habite avec toi la cime des montagnes.

Pantope hésite longtemps, et, les larmes aux yeux, à mesure de dictée, paraît dire ses avant-dernières volontés :

— Si laids sont les cimetières que je ne veux pas que l'on m'enterre et préfère brûler, en une dernière flamme, après mes quelques années d'incandescence ; que l'on jette enfin par les quatre vents des restes légers, chute dernière. Que l'on prie, si l'on croit, que l'on se recueille, si l'on veut, qu'on lise des textes inspirés. Mais qu'enfin l'on me confie au feu et à l'air, par l'univers. Merci.

Que mon ami guide de haute montagne, que l'on trouvera, sans faute, au bistrot principal d'Abriès, Hautes-Alpes, emporte dans son sac bleu usé l'urne de mes cendres, service pour lequel on lui paiera trois fois la course, plus les bières qu'il voudra boire, à son départ et au retour, à ma santé ou à une autre, pas de jalousie, et emmène, au bout de sa ligne, celle qui, sans cesse, nous accompagna, lui et moi, reconstituant

L'alpiniste refuse la chute
en se jouant d'elle,
dans des conditions où elle menace
à chaque instant. De même,
la musique ou la poésie,
les œuvres humaines,
s'écartent du bruit en s'approchant
très dangereusement de lui :
elles y tombent souvent.
La vie s'éloigne aussi
de l'équilibre mortel,
jusqu'à la chute finale : mort
d'où l'élévation rare du vivant
tire son sens improbable.
Certaines montagnes,
comme celle-ci, ne furent gravies
qu'au prix de la vie
des premiers arrivés sur leur cime :
pierres levées haut
sur la tombe de leurs victimes.
L'alpiniste visite ce cippe.
Photographiées l'hiver, face nord
et arête du Hörnli au mont Cervin
(4 478 m), à l'aurore :
glace et neige brûlent de lumière.

ainsi la cordée, puisque ledit pot de poussière, impondérable et subtile, dans le dos du premier, sur le nez de la troisième, tiendra la place que je n'ai cessé de garder entre eux, entouré par eux et protégé ; pour une fois, mes deux Anges gardiens ne s'encombreront point d'un poids lourd. Merci.

Qu'ils montent donc dormir au refuge du Pelvoux, dans le massif des Écrins, la première nuit ; que mes héritiers leur offrent gîte et dîner, sans les accompagner ; que, le lendemain, avant que ne se lève le jour, ils se dirigent vers le couloir Coolidge et le gravissent pendant le moment qui précède l'aurore.

Parvenus au beau milieu, qu'ils s'assurent et me lancent dans le vent, vers la neige et la glace et parmi les rochers, comme si je dévissais ou volais, enfin angélique, et qu'ils disent : *Deum de Deo, lumen de lumine*, en souvenir de ces mêmes paroles qui me vinrent à la bouche au jour trois fois béni où je reconnus la douce bénédiction divine, parmi la première lumière mauve de l'aube, à l'heure où la glace ruisselle de rose, quand commença ma deuxième et vraie jeunesse, très tard, dans la vraie montagne primordiale. Merci.

S'ils redescendront, alors, ou poursuivront, en passant par le sommet, le glacier Pélissier et les vires d'Ailefroide, cela dépendra du temps, de leur humeur du moment et des obligations qu'ils auront, ailleurs, contractées. En tout cas, qu'ils jouissent le mieux possible du silence tranquille du site, comme j'ai aimé la Terre qui me fut donnée, comme j'ai aimé celui et celle qui me l'ont donnée. Merci.

*U*ne balance paradoxale,

dont l'axe passe

par tout cet ouvrage,

place d'une part ensemble,

ici à gauche du lecteur,

à droite pour les acteurs,

tout le colloque classé, pesé,

assemblé, proprement séparé

en Anges et Démons,

Enfer et Paradis, sauvés,

en haut, et condamnés, en bas,

univers immobile, récompensé,

châtié, ordonné à l'infini…

et, de l'autre les corps

que l'amour mélange.

Mais, hélas, ce bilan

sépare encore

et se contredit lui-même.

Problème : comment se passer

de cette balance, comment oublier

le jugement, bien que le droit

reste nécessaire ?

En chantant notre vitalité.

Le Paradis et l'Enfer, XVᵉ siècle,

école de Bologne.

Bologne, Pinacothèque nationale.

*A*uguste Rodin (1840-1917),

Le Baiser, 1898, marbre.

Paris, musée Rodin.

MISÉRICORDE

— Crois-tu au Jugement dernier ? demande Pia.

— En dernière instance ? ironise Pantope.

— Quand j'imagine ce jour terrible d'ire et l'immense foule rassemblée, je rêve que d'un côté, ceux qui séparent et partagent se trouveront, et de l'autre, ceux qui jamais ne le firent.

— Pardon ?

— Regarde, d'une part, l'Enfer et le Paradis ensemble, bien et mal, impurs et purs, faux et vrai, les injustes et les justes, la raison et la folie, et surtout, ensemble enfin, les gagnants, rares, et tous les perdants… puis, de l'autre, les mélanges, vivants et paisibles, chair, âmes, choses mêlées. Ici les alliages, les partages, là.

— J'aime cette partition, dit Pantope en riant, qui se suspend d'elle-même, puisqu'elle tombe dans sa propre décision !

— La fusion donne leur maison aux amoureux, et la partie qui répartit leur rasoir aux exclusifs ! Un jugement qui ne juge que les juges et laisse de côté les indécis finit une suite, comme un point limite ; on peut l'appeler dernier !

— Aussi paradoxal, ton point d'orgue, que le big bang dont le point originel dément les lois de la physique !

— Lorsqu'on aime les mélanges, le tribunal n'est plus que le lieu de toutes les philosophies… autres !

— De l'autre côté ?

— J'ai peur de le dire, puisque l'amour n'exclut pas !

Ainsi se prit-elle, inquiète, à son propre piège.

— Sais-tu, Pia, ce que veut dire : absolu ?

— Parfait, achevé, omnipotent, indépendant, sans réserve ni contradiction, répond-elle d'une haleine.

— Dans le concret, absolu veut dire non soluble : ce qui ne peut se dissoudre.

— Ni dans l'eau, ni dans le vinaigre, ni dans aucun acide ?

— Un diamant irréductible !

— Sans plus de tribunal, donc absolument, il ne reste que l'absolution.

— Voilà pour la miséricorde. Mais il reste l'exclusion.

— L'amour exclut l'exclusion.

— Geste aussi contradictoire que ton tribunal dernier !

Pia, épuisée déjà :

— Ta logique détruit ma morale.

Pantope, fier :

— Relative et subjective, que peut la morale face à la raison ? Considère la science objective : entraînée par la surchauffe de la concurrence, elle touche à l'excellence et donne le meilleur. Rien au-dessus d'elle.

Pia, lasse :

— Voici, en effet, notre devoir majeur : en toutes circonstances, promouvoir l'excellence, vivre suivant le meilleur gouvernement, faire suivre à nos enfants les études les plus raffinées sous les plus experts des maîtres, produire le meilleur rapport qualité-prix, bâtir le plus rapide plan de carrière, toucher les plus hauts revenus, obtenir les résultats les plus justes et les plus performants, le plus rapidement, épouser la plus belle femme, porter

la plus jolie robe, écrire le livre qui obtient le plus de prix et le plus de lecteurs, marquer le plus de buts, *fortius*, *altius*, *citius*, malheur aux vaincus… ainsi tourne le moteur de nos pratiques, privées ou publiques, voilà le partage primordial.

Quand nous le pourrons, pourquoi ne pas fabriquer, aussi, les plus beaux et les plus forts des fils et filles, par eugénisme, et, finalement, le meilleur des mondes possibles ? Quel enfer suppose et produit la promotion de ce paradis ?

— Qui n'en rêve pas ?

— Exemple : vivons-nous en démocratie ?

— Oui, voilà notre fierté.

— Non, nous n'y avons jamais vécu. Fine forme de publicité, la philosophie politique pose la question : quelle est la meilleure forme de gouvernement ? et y répond secrètement : le gouvernement des meilleurs.

De fait, avons-nous jamais quitté la féodalité, le règne de ces meilleurs, diversifiés, selon les temps et les besoins, en forts et puissants, ou nés ou riches ou intelligents, cultivés ou savants, diplômés tenant le savoir, le droit et les médias ?

Villeneuve proclame égaux nantis et favorisés, en bonne santé, riches, propres et bien élevés, en somme toujours les plus forts, face au tiers et au quart monde des laissés-pour-compte, immense

*V*oici affichée la devise latine

des Jeux olympiques :

CITIUS, plus vite ; *ALTIUS,* plus haut ;

FORTIUS, plus fort ; pour les courses,

les sauts et la lutte, traduite

de l'autre côté du stade, en langue

russe et caractères cyrilliques,

à l'ouverture des Jeux de Moscou,

en 1980.

Les enjeux des nationalités

pour la domination du monde,

les pressions financières, la drogue,

l'obligation pour les misérables

de se sortir à tout prix

de l'écrasement où ils vivent…

tempèrent l'enthousiasme

que ces réunions mondiales

hypermédiatisées inspirent,

à juste titre, envers les exploits

authentiques réalisés

par les champions et les exemples

humains qu'ils donnent.

Il arrive que les dieux du stade

émanent des groupes

les plus pauvres

et les plus défavorisés : justice,

revanche ou nouvel esclavage ?

*B*eau, costaud, dominant,

imbécile de naïveté,

l'un des plus populaires

et des plus stupides héros

de notre temps, Tarzan,

la tête au-dessus de Jane,

sa compagne, gagne, vainc,

triomphe, l'emporte,

exalte la gloire et les droits

du plus fort : aux idéaux

du darwinisme social,

il ajoute le machisme.

Avec leurs pagnes pudiques

et leur petit air propret,

combien d'heures survivraient-ils

dans une vraie jungle ?

Maureen O'Sullivan

et Johnny Weissmuller

dans *Le Triomphe de Tarzan* (1943).

foule affamée massivement majoritaire sur la terre. Notre histoire a-t-elle jamais connu plus féroce aristocratie ?

— Nies-tu le progrès ?

— Villeneuve améliore sans cesse la vie des meilleurs, voilà ce qu'elle appelle progrès. Il coûte la vie à Villevieille, soit au reste de l'humanité. Rien de gratuit, tout se paie.

— Nous devons, au moins, nous soumettre aux lois de l'évolution.

— Savons-nous, vraiment, ce que signifie ce comparatif étrange et aristocratique du plus fort, du mieux adapté ou de qui prolifère ? Qui jouit d'une grande masse de muscles perd souvent le gain de la lutte, manque de ruse et d'astuce, et tel autre, intelligent, ne peut se reproduire ! Une excellente qualité peut se révéler nuisible dans la somme complexe de la personnalité. Ainsi le plus fort vire au fragile, cela se voit chez les champions et les surdoués.

Nos ancêtres fantasmèrent sur cette affaire, de Nietzsche à Tchekhov et de Tarzan aux nazis. Depuis cette époque, le darwinisme social éclate, là, ou se cache, ici, plus prégnant dans nos usages que nous ne le croyons, et plus hypocritement, puisque nous pensons aussi vivre en démocratie !

— Pas d'échappatoire à une telle loi.

— Et si les plantes et les bêtes, Pantope, étaient condamnées à la règle darwinienne, c'est-à-dire à une lutte à mort dont elles meurent en foule, effectivement, et aujourd'hui par espèces entières, et si nous ne devenions des hommes qu'à l'expresse condition de savoir nous en délivrer ?

Au contraire donc de ces penseurs, littérateurs, historiens, gouvernants ou vedettes, je crois, quant à moi, que l'homme naquit de la faiblesse, de la fragilité, de l'ironie douce sur la victoire, de la certitude que la gloire des dominants les transforme en bêtes brutes, que les Puissances chutent et que les Trônes tombent.

De qui procédons-nous ? De Tarzan ou de la *Pietà* ? De celui qui gagne parce qu'il est le plus fort, parce qu'il se reproduit, parce qu'il s'adapte mieux que les autres ou de celle qui voit, tient sur ses genoux et pleure son enfant mort ? Elle a perdu : n'aura-t-elle aucun descendant ? Compte-les donc maintenant !

Toute civilisation qui, comme la nôtre, exclusivement recherche à tout prix la victoire, se précipite en hâte vers son anéantissement, telle une espèce en voie de disparition.

Tous les grands empires sont morts de cela.

— Mais comment la femme sans enfant peut-elle avoir quelque descendant ?

— Je l'ai déjà dit, par l'adoption, nous choisissons nos pères, nos mères, nos sœurs... qui choisissent leurs fils, leurs filles et leurs frères, nouveauté, juridique et théologique, incroyable, qui détruit la fatalité, destinale et tragique, de la généalogie et de l'engendrement, les rapports criminels ou incestueux à la famille, les structures élémentaires de la parenté, du clan, de l'ethnie ou de la culture, en donnant à chacun la liberté du choix de ses parents, de ses enfants et de ses collatéraux. N'importe qui, hors ma famille, mon ethnie et ma culture, hors des liens de sang et d'histoire, peut devenir ma mère, ma sœur ou ma fille bien-aimées. De là vint l'amour. La dilection adoptive efface, ainsi, le darwinisme, biologique ou social, les guerres vengeresses dont l'histoire porte remembrance et toutes les théories qui abreuvèrent votre jeunesse.

— Mais les grands empires ?

— Pourquoi disparurent les gros animaux, mammouths, dinosaures ? Pourquoi, aujourd'hui, les nobles espèces, aigles, éléphants ou baleines,

*I*ls ont perdu.

Mort, le Verbe, muet,
retourne à la chair,
et la chair elle-même
retourne à sa mère,
et la mère elle-même,
immobile, prostrée, misérable,
retourne à la masse de marbre,
à la matière, matrice maternelle
dont nous sommes tous issus.
Involution totale et pliée,
dont l'inverse montre
notre généalogie, évolutive
et déployée : tous fils de la terre,
d'une mère, de la chair mortelle,
de nos langages fragiles...
tous enfants de la faiblesse.
Michel-Ange (1475-1564),
Pietà. Rome,
basilique Saint Pierre.

*M*iséricorde vient du latin *cors*,
cœur – le même que le français
courage – et de la misère,
l'état des Archanges.
Le visage du portier archangélique
respire un tel sentiment, non point
pour le pardon des péchés
– ces âmes si pures ont-elles eu
la force d'en commettre ? –,
mais devant ces pauvres bougres,
déférents, obséquieux
et solliciteurs, pétris d'obéissance
soumise et de servilité, nus,
comme sortant de la douche,
pour l'occasion.
Roger van der Weyden
(v. 1400-1464), détail
du *Polyptique du Jugement dernier :*
Les Justes entrent au Paradis.
Beaune, Hôtel-Dieu.

agonisent-elles ? Pourquoi les empires s'effondrè-rent-ils, Égypte, Babylone, Grèce et Rome ? Pour-quoi des ères entières s'achevèrent-elles… tous et toutes épuisés par la prétention à monopoliser l'excellence, la puissance et la gloire, tous tués par la loi dite de Darwin.

Seul se sauve de la mort, bestiale ou collective, celui qui échappe à cette loi : humain est son nom.

A chercher le meilleur, nous retrouvons l'animal. En étalant l'éventail des vainqueurs, arrogants, et des vaincus en myriades, la hiérarchie ou le clas-sement des nobélisables, joueurs de tennis, auteurs des livres ou disques vendus, la semaine dernière, nous reproduisons ce qui reste en nous de brute ou de légume.

Autrement dit, nous sommes des hommes parce que nous ne sommes pas les meilleurs ou qu'il nous arrive de courir un autre but que celui d'être les meilleurs. Le classement et la concur-rence ne nous concernent que peu, voilà pour-quoi l'eugénisme, par exemple, est inhumain : projetez le meilleur des hommes et vous créerez un singe malade ou une salade chétive.

Miracle ! Se lève, parmi nous, un pauvre ou un simple, et nous le suivons, parce que nous l'aimons : voilà pourquoi, secrètement, nous ne sommes ni des dieux perchés ni des bêtes basses, c'est-à-dire des sujets conscients.

Si l'intelligence affine, la recherche exacerbée du plus haut sommet nous jette sur l'échelle des valeurs qui est celle des bêtes, parce qu'elle est une échelle. Humain veut dire bon, au sens de la bonté, jamais à celui de la réussite exemplaire : du premier de classe ou de la basse-cour.

— Rêves, rêves… qu'aurions-nous fait sans l'aiguillon de la concurrence ?

— Des œuvres ! Le travail exact sur l'excellence, voué exclusivement à elle, exige une excessive humilité devant sa matière, comme envers les experts et les autres : ainsi, l'auteur atteint l'incomparable, l'inimitable, délivré des envies du mimétisme : jamais autrement.

— Cependant, l'exclusion revient avec la rigueur, de la science, de la logique, de tout raisonnement bien conduit : tous requièrent la règle du tiers exclu ; comment, sans un tel principe, ne pas dire, prétendre, entreprendre n'importe quoi ? D'où ta confusion, tout à l'heure, quand tu voulais ex-clure l'exclusion !

— Certes. Mais nous avons séparé, au cours des temps, la rigueur corporelle et sociale exercée sur les hommes de celle que nous manipulons sur les formes ; celle-ci purge de celle-là !

— J'en doute.

— Garde, du moins, l'exigence exclusive dans le rapport à l'œuvre ; mais que tes relations aux hommes passent à la miséricorde !

— Que fais-tu de la justice ?

— Pas de justice, exclusive, sans la miséricorde, incluse.

— Impossible de penser ensemble ces contradic-tions !

— Possible, au contraire. Exemple : rigoureuse, fidèle au réel, jusqu'à maintenant bienfaisante, ô combien, la science, fondée sur la recherche excellente du vrai non contradictoire, donc sur le tiers exclu, se plonge, comme tout ce que nous expérimentons autour de nous, dans la compétition féroce, livrée à la course exaspérée à la priorité, forcée à la victoire et condamnée à la gloire, deuxième forme, et tout autre, d'exclusion des autres.

La quête, têtue jusqu'à l'obsession, de la vérité court au progrès, alors que sa condition concurrentielle implique la régression. La course en tête expose la recherche à des fautes de parcours, assurément, mais, surtout à des options fondamentales ou à des orientations fatales à très long terme.

Ne peut-on pas séparer les deux moteurs, les deux termes et les deux aspirations ? Chercher le vrai sans rabaisser l'autre ? Quoi d'impossible en cet idéal ?

Nous n'aurons jamais assez de prudence, sur des voies aussi complexes ; nous n'invoquerons jamais assez notre fragilité.

— De quoi nous protège la faiblesse ?

— Dieu lui-même est infiniment faible, nous vivons à son image. La miséricorde nous protège des pestes concurrentielles : toute la culture vient de là.

— Je ne comprends rien à ta miséricorde, dont les deux dernières syllabes viennent du cœur, non du cerveau : veux-tu fabriquer des sots ?

— Soumis à la victoire et à la gloire, le rationnel de l'économie et de la science ignore nécessairement l'émotion du cœur. Vouée au calcul opérationnel et à ses exactitudes, pilotée par d'anciens bons élèves couronnés de premiers prix, Villeneuve, organiquement rationnelle, manque singulièrement d'amour, comme en furent dénués

les âges de la raison aristocratique classique, européenne ou antique ; en leur temps, les philosophes grecs, que l'école nous fait admirer, ne furent que de superbes brutes ratiocinantes sans pitié.

Habitués à optimiser nos actes, nos résultats et nos pensées, nous plaçons le pathos du côté du passif et la souffrance ou l'émotion dans la colonne négative des pertes comptables ; nos travaux éliminent donc ce qu'ils appellent irrationnel pour mieux l'éradiquer : pétrifiés, les meilleurs laissent l'émotion, et ce meilleur des mondes, sans pitié, vire au mortuaire et au funèbre.

Si l'on doit dire bons les hommes sans amour, autant prétendre doux les pierres et les morts.

— J'admets que, parfois, les calculs d'amélioration sonnent faux, faute de tenir compte de la complexité des choses, des êtres et du monde : tel élément préjugé mauvais peut, en effet, rendre bon l'ensemble combiné de ses voisins, et inversement.

— La décision d'éviter l'émotion les fausse plus encore.

— Nous ne fûmes pas formés à mêler la raison et le pathétique.

— Non, certes : mais l'essentiel de l'humain passe par le second aussi souvent que par la première et nous devons à la passion plus qu'à l'entendement les plus grandes bifurcations de l'histoire.

Ecce homo : la seule définition de l'homme que j'ai citée parce que indiscutable crie de pitié face au supplicié. Là où l'entendement échoue, le cœur passe !

Survivrions-nous, enfin, sans émotions ? Notre organisme même ne nous avertit pas de toute atteinte à son intégrité par le canal de l'intellect, que je sache, mais par la douleur, sans langage, trop vite dite pathologique. Oui, la souffrance, souvent, sauve la vie.

Cette émotion, qui fait branler l'histoire, qui nous enseigne notre statut, qui protège de la mort… ces battements de cœur, ce bruit de fond multiséculaire… la philosophie qui ne les recevrait point, antérieurement à la raison, manquerait donc de tout, paralytique impuissante.

— Que vient ici faire la philosophie ?
— Sur son nom, l'amour précède science et sagesse.
— Sais-tu que du corps de saint Michel jaillit un million de têtes et que chaque tête porte un million d'yeux d'où ruissellent soixante-dix mille larmes ?
Pleure-t-il avant de penser, quoique pur esprit ? Non. L'Archange soldat, protecteur d'Israël, casqué, cuirassé, miséricordieux, éternellement déplore que la guerre ou autres violences organisées vinrent seules jusqu'à maintenant à bout, quoique temporairement, de la violence toujours renaissante, brute, sauvage, bestiale, mortelle, des hommes, des Anges, de tous êtres. Ses larmes concentrent la tristesse archaïque et fondamentale de l'amour contemplateur. L'émotion des pleurs porte à son comble la lucidité des yeux.
— Que va t-il se passer dans le monde qui s'annonce, sans armée ni religion et qui délaisse les organisations productives ?

— Liberté ou jungle atroce ? Décidons.

— Revenons au jugement, au tribunal d'où nous partîmes. Borgne, l'amour ne suit ni ne donne de critère !
— Un critère de l'amour ? Il ignore comparaison ou hiérarchie et s'en moque. Qu'il s'y réfère, attention ! il ne s'agit plus de l'amour.
Non, je ne t'aime point, dit-il, parce que tu parais la meilleure, la plus belle, la plus riche, perchée au haut de je ne sais quelle échelle, bête, mais je t'aime de ta singularité.

Elle rêve :
— L'humanité naquit, soudain, de ce qu'un Adam quelconque, innocemment, crut qu'une Ève parmi d'autres existait, unique et seule, avec et pour lui, et de ce qu'elle acquit la croyance réciproque : alors un jardin merveilleux se forma entre eux, en eux et autour d'eux, floral et fruitier, visité souvent par Dieu, et qu'ils ne quittèrent que le jour où ils succombèrent à la tentation de la comparaison.
Car le Diable, Ange déchu et porteur de lumière, les incita, insidieusement, à manger la pomme, en disant : vous serez *comme* Dieu, autrement dit le plus puissant, le plus fort, le plus intelligent, le meilleur, etc. L'histoire, alors, surgit de cette échelle, fleuve en chute de sang et de larmes, se précipitant vers l'excellence prétendue, à la lueur de l'épée de feu, brandie par l'Ange exterminateur. Au contraire, ainsi fleurit, mêlé, pour chaque bonne volonté, à toute minute, si vous le voulez, là et ici, le Paradis.

Songe pour songe, Pantope :

— A l'heure d'après ma mort, entre laquelle et ce
moment il ne s'écoulera pas vingt secondes
denses, puisque nous avons perdu le temps,
lorsque l'Ange de consolation m'accompagnera
et, après avoir sonné, m'aura planté à la porte,
non point du Paradis premier, mais du définitif
et dernier, voilà comment je rêve du Jugement.

A l'entrée, au guichet de la culpabilité, saint
Pierre, juge, comme on sait, demande les mérites
acquis et sanctionne les fautes, admettons… alors
que nul ne raconte jamais ceci, avéré, que Mique-
lon, Michel au petit pied, archangelot discret, à la
tête gentille et unique, pleine de sourires, en face,
assis au guichet de la satisfaction, demande, en
même temps, si l'on est content… avez-vous
gagné assez d'argent, j'ai vécu pauvre, mais cela
suffisait largement, n'avez-vous pas trop souffert,
j'ai passé onze fois sur la table chirurgicale, j'ai
eu vingt ans de quasi-folie, mais je ne me plai-
gnis pas de ma santé, merci, avez-vous eu assez
de gloire, après l'obscurité, vint un certain éclat
dont le petit fracas plutôt m'encombra, auriez-
vous désiré plus de pain ou de vin, non, j'eus
faim pendant ma jeunesse, et, depuis lors, elle
m'accompagna, mais j'ai bu mon content de bons
crus, avez-vous vu assez de paysages, oui, j'ai
contemplé la beauté du monde, avez-vous connu
assez, j'ai été borgne ou sourd souvent et sot fré-
quemment, mais en somme je sentis le bonheur
de comprendre, avez-vous inventé à votre sa-
tiété, oui, sur mon visage souffla parfois le vent
nouveau… alors vous êtes rassasié, satisfait, vous
pouvez passer… non, non, je suis encore et tou-

*U*n premier triangle rassemble
Adam, Ève et le blond serpent,
visiblement femelle,
pour l'appétissante tentation ;
le deuxième réunit
nos premiers parents à Dieu,
vieillard mâle bleu,
pour les conseils et le jugement ;
le dernier fait appel à l'Archange
rouge, pour expulser le couple
enfin sexué.
Le jeu se joua, donc, à trois
et trois fois : quoi d'étonnant
qu'il ait tourné mal ?
Pol et Herman de Limbourg,
Très Riches Heures du duc de Berry
(1413-1416), *Le Paradis terrestre.*
Chantilly, musée Condé.

jours affamé, mendiant, suppliant, assoiffé, je n'ai pas encore commencé de vivre, insatiable comme si je n'avais jamais goûté à rien... avez-vous donné assez d'amour... je n'ai pas eu assez d'amour, j'ai à peine commencé d'aimer, bien que ma vie entière y fût consacrée, je n'ai pas commencé d'être aimé, ou à peine, laissez-moi vivant un temps, dix heures, quatre minutes ou vingt secondes, j'ai, encore et encore, à faire l'amour, maintenant, nouvellement, inépuisablement, seule urgence incomblable entre l'heure de ma mort et la rédaction, aujourd'hui, de ce petit codicille.

— Les amants, fondus, se donnent-ils l'absolution ?
— Comment user de notre langue avec moins d'exactitude, puisque l'absolu n'entre jamais en solution ? Autant exclure l'exclusion !
Mais ne les dis jamais dissolus !

Dansant, Pia chante :
— Demain les amours viendront à ceux qui n'ont jamais aimé, demain ceux qui ont aimé reviendront aux amours renaissantes, demain ceux qui ont souffert d'amour souffriront toujours de lui ou d'elle, demain ceux qui avaient cru mourir d'amour mourront une nouvelle fois d'un autre ou du même, demain croyez-vous que l'amour s'éteindra ?

A l'exclusion,

par l'Archange rouge,

hors de l'île Paradis,

par le porche gothique,

aux bords du cercle vert

et des fleuves extérieurs,

l'inclusion répond,

au Paradis céleste : accueillie,

par un Ange rouge dans le jardin,

la femme juste entre dans la danse,

ronde angélique

parmi la gamme chromatique

des fleurs.

Fra Angelico (v. 1400-1455),

Danse des Anges

ou le Juste au Paradis,

détail du *Jugement dernier*,

v. 1431. Florence,

musée San Marco.

— Petits éléments cachés au plus secret de nos cellules génétiques, nos mitochondries montrent toutes la même souche, le sais-tu ?

En approuvant de la tête, Pia ferme les yeux et récite :

— Noirs sans doute, Africains en tout cas, Ève et Adam firent deux enfants ; Caïn et Abel, plus encore, et ainsi de suite jusqu'à nous, dont la population, plusieurs fois milliardaire, couvre la planète entière.

— Je peux dessiner la carte des voyages multi-millénaires de populations entières sur les divers continents et l'arbre généalogique de l'espèce humaine et de ses langues. Imagine son dévelop-pement, peint sur la cloison : regarde la dernière des feuilles, d'un côté, aux extrémités de sa fron-daison, à gauche ; de celle-ci à la dernière, de droite, une distance énorme sépare les ultimes descendants de la première famille africaine, désormais très éloignés les uns des autres : le Bochiman et l'aborigène d'Australie ou le Maori de Nouvelle-Zélande et le Finlandais d'Helsinki. Quelle énorme différence !

Mesurons-la sur le mur où cet arbre, vertical comme une échelle, figurerait.

Pia prend Pantope par le bras gauche qu'il avait écarté du droit pour évoquer de toute son

auquel s'attache une barre rigide, dont la lon-
gueur sépare, justement, les fils ou frères issus
d'un même couple ; à l'extrémité de celle-ci, Abel
et Caïn ; de ces points descendent d'autres fils
auxquels s'attachent d'autres barres d'où pen-
dent autant de brins, et ainsi de suite…

— Tu viens de construire la même machine que
l'arbre que nous avons simulé sur le mur.

— Non plus sur le plan du papier peint, mais
dans l'espace de cette pièce.

— Quelle différence ?

— Immense, Pantope. Ouvre donc la porte, s'il te
plaît.

Bien qu'imperceptible, un souffle d'air subtil
entre, sans doute, dont l'effet, aussitôt, fait
tourner telles barres autour de leur point
d'attache, comme un ensemble de manèges ou de
carrousels, par dix et vingt petites rotations irré-
gulières et menues : ainsi font, font, font plusieurs mains qui tournent sur soi.

Alors, comme dans un ballet, libre ou réglé, des
figurines d'avions proches s'éloignent les unes
des autres, pendant que les plus écartées se
retrouvent voisines : doucement, les Africains
volent vers les Japonais, les Suisses vers les Chi-
liens, alors que les Anglais appareillent à grande
distance de l'Irlande.

— Sublime, n'est-ce pas ? Certains éloignements
immenses que tu mesurais, tout à l'heure, de
toute ton envergure, se réduisent et s'annulent,
alors que s'écartent d'anciennes proximités.

— Se séparent les jumeaux, et les cultures enne-
mies se marient : naîtront des métis !

---

*L*e patriarche Noé pose à côté
de l'arbre de sa descendance.
L'Arche qu'il construisit
pour se sauver des eaux du Déluge
(*arca*, coffre, en latin,
voir l'Arche d'alliance) contenait,
dit-on, la totalité
des espèces, tout comme un zoo
ou un jardin des Plantes.
Pendant que flottaient
tous les vivants,

a-t-il pris le temps
d'en établir le classement
– et la généalogie ?
Archaïque, en tous les sens
possibles, ce récit doit-il se lire
comme le commencement
des sciences naturelles ?
A. Calmet, *Arbre généalogique
des descendants de Noé,
Dictionnaire historique de la Bible*
(1730).

---

envergure ces immenses différences, pour l'en-
traîner dans la salle d'attente, vide à cette heure.
Au plafond se balance l'un de ces charmants
« stabiles », à la manière de Calder, léger, mobile,
inconstant et sensible au moindre souffle advenu.
A chaque bout de ses pendentifs, planent des
avions de toutes les compagnies du monde, coloriés selon leurs blasons respectifs : australiens,
japonais, du Canada et de Chine, américains,
d'Afrique et d'Indonésie, européens, de toutes
langues et nations.

— Encore des Anges en vol ! plaisante Pantope.

— Au clou enfoncé dans le plafond, place, par
image, nos premiers parents ; de là pend un fil

Cette agence de voyages mêle, en distance, langues, intérêts, en sa vitrine, des machines, mais dès leur décollage mêmement construites, tous les avions volent, dont la seule différence sous les mêmes lois physiques, reste l'étiquette : la même puissance mécanique, modèle réduit des règles juridiques du ciel contemporain et de la ville identiques. stable des Anges. L'à-plat ne dit pas Au sol, les aéroports diffèrent, les mêmes choses que l'espace.

— Quand nous plaquons l'arbre sur la page, nous voilà tous différents – et trompés par le dessin ; qu'il revienne dans l'espace, nous voici tous à des rendez-vous.

Sous le bariolage des langages, parlons-nous tous une même langue ?

— Ici et depuis l'aurore, où sonnait la tempête, devine où se trouvent les Anges, Pantope : dans les avions ou sur les ailes invisibles des souffles de l'air ?

En nous, les hommes et les femmes, ou hors de nous, dans la nature ou les machines ?

— Par les rondes qu'ils produisent, on dirait les queues des aéroports, où les Asiatiques se mélangent à des Espagnols et des Hindous à des Fuégiens, au lieu de rester chez eux, à mille lieues les uns des autres.

— Ah! j'entends pourquoi tu chantais, tout à l'heure, une ronde amoureuse.

— Tu la vois en mouvement.

— Nous voilà donc tous cousins ou frères! Plus d'échelle unique, seulement des cercles, innombrables et croisés! Plus de hiérarchie, des voisinages! Plus de mépris, mais de l'équité! Plus d'injustice, que des visites!

Les petits avions voisinent sur leur tête, sans jamais s'entrechoquer.

— Je ne savais qu'il existait des machines philosophiques…

— … égalisatrices et propres à nous empêcher de fabriquer des dieux!

— Encore un effort, ajoute-t-elle, riante.

Au lieu de mettre seulement des hommes à la place des avions, si nous ajoutions toutes les espèces de la nature? Alors, dans la même ronde des petites marionnettes, la femme se rapproche

du réséda, la mouette de la mer et la roche du serpent… ainsi va l'univers, dans sa réalité profonde et concrète.

— Mais il faut que les jumeaux, séparés, partent en voyage ! Que le fils quitte la mère et le loup sa tanière.

— Pantope, attention, je recommence ! A la place des hommes, des espèces ou des avions, je marque maintenant les éléments dont nos corps se forment : fonctions, organes, tissus, cellules, enzymes, molécules, j'en oublie… séparés par nos sciences, en un même arbre d'analyse et de décomposition.

Allons tourne, petit moulin… voici qu'apparaît le mélange, celui-là même que je rencontre concrètement tous les matins, la mêlée, en un même lieu, de muscles, nerfs et os, tissus, fonctions et organes à soigner.

Une loi unique et la diversité du multiple ne s'opposent pas nécessairement : il peut arriver qu'une association très diversifiée concoure à une seule propriété. Nous savons même fabriquer des matériaux dits composites, pour nous procurer un seul résultat bien choisi, qui, par suite, domine la mosaïque.

Admirables représentations abstraites, ils nous enseignent une philosophie profonde. Micrographie d'une section fine d'un métal à mémoire, alliage ou composition réalisés sous des conditions strictes de chaleur et de refroidissement ; après déformation, le réchauffement ramène le composé à sa forme de départ.

Par ses distinctions, la biologie invente une science précise, efficace, générale et morte ; à les mêler, le médecin traite les individus vivants. J'ai envie de nommer cet alliage, fondu et discret, inconnu des experts, réalité des praticiens : la chair. Pas de savoir sans incarnation.

— Pia ou comment la théologie revient devant le stéthoscope ! s'esclaffe Pantope.

— Une intense clarté descend de ton lustre, Pia, reprend-il, sans flamme ni langue : porte-lumière ou Lucifer, mais sans feu mauvais. Même sans lampe d'aucune sorte !

— Lueur rationnelle et raisonnable ensemble, chose rare ! S'accomplissent les mélanges sans contrarier l'ordre ni le classement ; à l'inverse, la raison universelle s'accommode de la dispersion et de l'éclatement : elle les produit même et jouit du concret observé.

Pas d'univers sans mélange.

— Et réciproquement. Le bariolage intense issu de cette mêlée laisse voir la loi de sa distribution, loin d'y faire obstacle.

L'empirique, la chair est le comble de l'abstraction !

— L'aéroport mêle donc les groupes et les langues, en les distribuant comme ta petite machine…

— … pas seulement l'aéroport, Pantope, mais, plus et mieux, la vie comme elle va et l'univers comme il est ! Désordonné, follement, sans cesser de manifester sa belle ordonnance !

Ils sortent par la foule des couloirs et s'arrêtent à la cafétéria, noire de monde.

Pia rêve, debout devant les tasses fumantes.

— Si j'ajoutais du sucre au café, que j'aime trop pour l'adultérer, je me dirais parfois, en tournant la cuillère et voyant les petits tourbillons dans le bol : ainsi font, font, font les petits avions du « stabile »…

— … dans l'attente que le sucre fonde…

— … car les Anges ou hommes ou avions du lustre, en tournant de façon imprévisible par les Anges des courants d'air, mêlent des substances invisibles et ténues dans la transparence de la pièce, comme cent cuillères.

— Ou comme ce bar mêle cinq continents, vingt langues et dix religions.

— Ce mélange prend du temps.

— Ou, plutôt, le produit. Ainsi, la mêlée des hommes fait leur histoire elle-même, enfin clairement expliquée.

— Invisible, éblouissante. Tout le monde croit que la guerre et les combats la font : les Horaces contre les Curiaces... et personne n'observe Sabine et Camille, deux femmes victimes, aimer les adversaires et faire avec eux des enfants ; voilà le mélange, le temps, l'évolution et l'avancée, le progrès.

Il la regarde, ébahi. Devenait-il féministe ?

— Le mâle sépare, la femelle mêle, dit-il.

Elle le regarde, stupéfaite.

— Ou la machine mélange les choses ou celles-ci font tourner le « stabile », comme on veut. Le buissonnement écarté de l'arbre et son abondance ouverte, je les vois donc aussi tordus et secoués sous l'emprise de tourbillons aériens, comme dans la zone des cyclones : alors se rencontrent, pour la gifle ou la caresse, les branches et les feuillages distants.

— A mon tour de recommencer, Pia. Classe les savoirs : le sociologue et l'astrophysicienne, dont l'une observe si haut et l'autre à hauteur d'homme... se rencontreront-ils un jour, malgré leur séparation ? Quelle tempête de connaissance devra souffler pour qu'ils s'aiment ?

— Quels orages faut-il donc à la raison pour qu'elle retrouve le monde concret !

En revenant vers le centre médical, ils passent devant les écrans où les départs et les arrivées s'affichent.

*S*ur le tableau
des prochains décollages,
la liste des destinations ressemble
autant à la carte du monde
et diffère autant d'elle
que l'arbre généalogique
diffère de la réalité humaine
et lui ressemble.
Par cette messagerie,
les hommes ou les femmes
se séparent et s'assemblent,
se redistribuent et se mélangent ;
ici debout et arrêtés,
les voisins vont diverger,
alors qu'à mille kilomètres de là,
des étrangers convergent
vers le voisinage.
On croirait lire
la Table des matières de ce livre.

— Pia, tu m'as convaincu. Regarde ces machines à mélanger les peuples et les langues !

— Pas tous, Pantope, loin de là.

En donnant des pièces à un mendiant assis sur le sol :

— Plus nombreux que les voyageurs, les misérables font l'humanité de l'univers, Pantope.

Ils font, surtout, une éternité, dont jamais l'histoire ne parla ; ceux qui produisent le temps ne se mélangent point à eux.

SÉRAPHINS

— Pourquoi voyages-tu autant ?

— Pour n'être pas là. Qui me croit au point d'où je pars ne me trouve, ni au lieu où je vais arriver : absent du monde pour tout le monde.

— Fuite ?

— M'attirent l'errance, l'effacement, le retrait ; je quitte, mais ne reste ailleurs que le temps de repartir.

— Te voilà, pourtant !

— Veux-tu que je me retire ?

— Que non !

— Du même coup, j'ai appris l'absence de moi-même.

261

— Dans quel but ?

— Pour mieux voir, écouter, faire attention, comprendre, trouver. Moins j'existe, plus je pense.

— Comme les avions, tu voles, Pantope : ils sont là où ils ne sont pas et ne sont pas là où ils sont. Ceux-là ne sont pas des êtres, mais des relations !

— Pourquoi soignes-tu les autres, Pia ?

— Chaque patient existe puissamment, et d'autant plus qu'il souffre et s'inquiète ; en compensation, pour que notre entretien le soulage, il faut oublier que je suis là.

— Mais te voilà !

— Ma profession exige de disparaître, comme tu l'as dit, ce matin, des chercheurs et messagers. Par le même désir de retrait, j'ai choisi ce métier. Plus je pense, moins je suis.

— Tu n'es pas celle que tu es, tu es celle que tu n'es pas : tu donnes, Pia.

Silence.

Il pensait, sans dire :

— J'ai passé ma vie dans les aérogares, les salles d'attente et les pas-perdus, au bord des mers et des larmes, mobile, agile, attentif, absent, à chercher toujours la route, à la prendre et la laisser ; perdu, j'attends l'arrivée, le transit, le départ, la fuite. Pourquoi cette existence éperdue, pourquoi l'an passé à New York plutôt que demain à Barcelone, à Pantin ou à Valparaiso, pourquoi rentré-je à Paris ce matin, en exil jusque chez moi, pour quoi faire, pour voir qui, puisque le malheur est ailleurs le même, puisque l'espace a le même goût partout... monde, mon passage, ma perte, mon oubli et mes indifférences, mon isolement d'errance et d'espérance, Terre ma compagne solitude.

Pia, doucement, comme si elle avait ouï sa parole privée :

— Tu vis par les aéroports, lieux de transits ou de passages, toujours mêlé à des foules bigarrées.

— Tu vis en ce même port, lieu de tous les voisinages et où passent rarement les mêmes ; rien que des autres.

— Peut-être n'existons-nous pas ?

Pause.

— Sais-tu la passion de marcher doucement, avec des semelles silencieuses, comme sur du vent, l'art de passer inaperçu, de partir comme si nul n'était venu, en laissant les choses immuables, pour, soudain, devenir transparent, plus blanc que la blouse, vide et pur comme l'air de l'univers, lumineux ?

— ... la passion forcenée de se laisser transpercer par le vent, la brûlure ou l'espace froid...

— ... celle de se taire longtemps, anonyme, de ne tenir aucune place possible... où se faufilent les dialogues des autres.

— ... la passion du départ, du lointain, du manque...

— ... le plaisir raffiné d'effacer le corps, la parole et l'ombre, de ne compter pour rien, de se cacher, de s'alléger tant qu'on s'envole...

Halte.

Passent les Anges par le silence, vols tacites, sujets disparus.

— Sais-tu que le verbe cacher décalque, dans notre langue, le latin *cogitare*, penser, sans que nul n'y prenne garde ?

— Celui qui se cache pense-t-il ou celui qui pense cache-t-il quelque chose ou soi-même ?

— J'aime moins penser à des objets, vains souvent, avec des verbes, vite frivoles, que vivre dans le vide, me fier au temps, me blottir dans l'ombre, écouter le silence. La parole chasse de son bruit l'idée qu'elle prétend dire, alors que la forme creuse où je me cache contient le comble de la pensée. Immobile dans la chambre sombre d'un hôtel anonyme de passage, comblé par le silence et le noir, je commence à ne plus exister, avant que la mort, survenue, ne rencontre plus personne.

Aucun des deux ne voit l'autre. Qui parle ?

— Je change de langage et m'adapte à la place, en voyage, comme une flaque courante ou un souffle de passage ; les langues étrangères glissent sur ma peau comme une douche d'eau. Alors que tu crois que je me déplace, erre une manière de fantôme ou d'ombre.

— Entrent en moi l'odeur du patient, spécifique d'un corps mal à l'aise, et le bruit de gorge au fond de sa douleur.

— Je n'ai jamais voyagé que pour rejoindre mon néant, mon corps a résisté à l'apprentissage des langues pour demeurer perdu, éperdu, suspendu, envolé.

— Je n'ai jamais soigné que pour me fondre dans le corps des autres.

*P*ar bonheur, le Paradis se dissout comme un souvenir primitif et le regret d'une perte, ou se projette comme l'espérance d'une récompense finale, car la traversée, solitaire ou collective, du désert reste la meilleure de toutes les formations humaines.

Le silence écrit sur le sol la portée d'une muette partition.

Arêtes de sable au désert de Simpson, au centre de l'Australie et à l'est d'Alice Springs.

Émotion.

— Existes-tu, mon amie ?

— Aussi peu que toi, je crois.

Alors, sans le dire, ils surent qu'ils s'aimaient.

La conversation se réveille et reprend :

— Par l'univers des réseaux, tu m'as convaincu de voir partout et de toujours entendre des Anges, des porte-messages, Pia. Grâce à leur travail, cet univers fonctionne à merveille.

— Mais avons-nous, vraiment, quelque chose à nous dire à travers cette messagerie universelle ?

— Qui n'exalte que la puissance et la gloire, la violence et le malheur, en construisant mille hiérarchies injustes.

— Qu'importent ces relations, si elles ne chantent pas nos manques d'amour ? Pouvons-nous vivre sans allégresse ni supplication, sans pitié ni joie parfaite ?

— Les maladies viennent-elles toutes de haïr l'amour ?

— Les Anges de jadis nous aimaient assez pour les rôles que demande la pitié : gardiens, protecteurs, guides des voyageurs, envoyés des rêves et des songes, accompagnateurs des mourants, annonciateurs des bonnes nouvelles... La rigueur des sciences et du droit, les investissements géants sur la communication médiatique, créent des relations cyniques ; non, nous n'aimons plus l'amour. Age dur, siècle sec, temps de pierre.

— Tu aimes les hommes, gentil médecin.

— Tu aimes le monde, savant voyageur !

— Faufile-toi donc, en avion, au-dessus du

*L*a profondeur médiocre des eaux et l'ensemencement aléatoire de rochers irréguliers rendent les courants et les vents imprévisibles et dangereux pour la navigation, dans la baie d'Along, l'une des plus éblouissantes merveilles de la Terre.

Pendant longtemps, des pirates – mais aussi, et récemment, des misérables – se cachèrent dans son labyrinthe inextricable. Archanges ou gnomes ? Jonque dans la baie d'Along, au Nord-Vietnam, par vent moyen et mer calme.

Labrador, sous les jupes géantes, à mille plis gaufrés, d'une aurore boréale mauve... pendant que la physique dicte à ta tête, claire et nette, le champ magnétique et les particules piégées, des myriades angéliques tombent du firmament, douche belle sur la même tête, par légions et en cascades, à en pleurer d'émotion émerveillée.

Connaître les formations volcaniques de la baie d'Along ne met pas, non plus, d'obstacle aux battements de cœur que donnent le labyrinthe de l'archipel et ses météores mortels. Je le soupçonne semé de gnomes.

Pour quelles comprenettes partielles la connaissance naturelle désenchante-t-elle du surnaturel ? La géographie fait plutôt croître nos extases dans les parages de l'Iroise : sur certains hommes tombe, dit-on, l'esprit pour en faire des

prophètes ; mais, les mêmes psaumes montent des rives et des roches, ici ; j'entends même mieux cette clameur, jaillie continûment du bruit de fond des grains et marées, qu'en des partitions ringardes pour cymbales.

— Qui nous parle mieux ? La rumeur des choses ou les œuvres des hommes ?

— La raison jointe à l'émotion engendrées par l'univers.

— Jointe ?

— L'océanographie empêche-t-elle l'attention fascinée devant la banquise grise et les glaciers qui vêlent leurs icebergs dans l'océan glacial ? La tectonique des plaques serre-t-elle l'enthousiasme qu'un séisme fort délivre dans le ventre et que renouvellent les ascensions de l'Etna au cratère cramoisi, des volcans de Malaisie au panache de fumée qui monte droit dans le grand ciel calme, en trouant la couche équatoriale des nuages, du cône sombre du Stromboli, de la sereine géométrie du Fuji-San ? As-tu subi d'énormes cyclones sur les plaines hauturières, as-tu jamais traversé l'Australie, aux déserts ocre et pourpre, dont le tableau réel simule l'abstrait ?

— La science augmente-t-elle l'enchantement du monde ?

— Elle le reproduit, le déploie, le détaille, le multiplie. Quoique géomètre et physicien, j'ai rencontré des Anges en foule, hurlant dans le vent mauvais, dont le bouquet de buis, tenu à la main, fouette la piscine océanique – Dieu, quel coup de torchon ! – j'ai redouté aussi, toute mon enfance, les Anges, sans doute déchus, dont la perversité faisait enfler mon fleuve pour engloutir les bateaux de mon père, après des mois de pluies malignes et la fonte des neiges dévalant en mars ; nous n'avons dormi et travaillé que sous la menace constante de ces Démons malveillants lâchés, comme les paysans des Philippines cultivent le riz sous l'aiguillon félon du Pinatubo, ou ceux du Bangladesh en risque de noyade sous le galop des eaux.

— Les hommes, aussi, sans prévenir, inversent leurs actes : salauds et charitables, Anges et Diables.

— Spirituel et impitoyable, ainsi le vent ; ainsi le feu, chaleureux et dévastateur ; baptismale, l'eau engloutit les noyés ; la terre, nourricière, absorbe les morts.

L'un, aimable, enfle les voiles, et, démon, emporte les maisons ; l'autre, gardien, chauffe, ou brûle, satanique ; les deux dernières apaisent la soif et la faim, protectrices, ou, assassines, étouf-

fent d'agonie. Aime donc ces duplicités mondiales, Pia.

— Aime les hommes doubles, Pantope.

— Faut-il, en plus, aimer les démons, les salauds, les abominables ?

— Surtout eux : Anges, mais tombés ; sous la bête dominante dort la belle.

— Seule la beauté du monde engage à croire en Dieu, Pia.

— Seules les œuvres belles ou bonnes des hommes tirent ta compagne dans la même voie.

Il attend un long moment et, lentement :
— Animaux, arbres et pierres… compte donc l'ancienneté progressive des habitants ou composants de la Terre. Quand la conscience s'évanouit au cœur des brutes ou que le mouvement s'arrête, de la faune vers la flore, le temps

remonte son cours, des bêtes aux plantes et de celles-ci aux roches froides.

Avançant dans l'âge, certains n'acquièrent que la vieillesse de leur mémoire, moins que séculaire, d'autres ajoutent celle de leurs lectures, à portée de millénaires, mais ceux qui savent se taire et s'arrêter pour regarder longtemps les animaux, les arbres et les pierres, longuement remontent des milliards d'années pour acquérir l'ultime vérité, celle qui fit perdre la parole aux bêtes, le mouvement aux plantes et aux roches toute vie.

Ainsi, depuis l'origine, les falaises, les montagnes et les lacs regardent, immobiles, silencieux, inertes, la portion de terre où ils s'arrêtèrent, puis les arbres s'y enracinèrent, sans plus bouger désormais, les bêtes s'y taisent, extasiées. Tous vieillards pétrifiés, comme moi, devant la beauté du monde.

Or, à force de contemplation, de silence et d'immobilité, ces habitants du monde en composent la beauté, dernière vérité.

Lorsque je m'arrêterai, que je laisserai à jamais plume et souffle, désir brûlant et parole, station debout et frémissement, alors seulement j'entrerai, pour l'augmenter, dans la beauté de ce monde.

Pia :

— Sais-tu qu'auteur veut dire augmentateur ?

— Ne composons donc que des ouvrages qui font croître.

Il reprend :

— Mais qui, bouclé en ville, voit le monde, désormais ? Aime-le en son entier, Pia, face belle

*N*ous sommes embarqués !
Il faut tenir pour une authentique
révolution, dans la perception
et l'esprit des hommes
de toutes langues et cultures,
la vue nouvelle, belle,
presque directe, de la planète
dans son ensemble,
par l'intermédiaire d'astronautes.
Pour la première fois,
nous pouvons concevoir au moins
le commencement
d'une solidarité universelle,
voisine de celle qui réunit
l'équipage d'un vaisseau.
La planète-Terre (Arabie, continent
africain et Antarctique),
vue de l'espace et photographiée
à partir d'Apollo 17,
pendant son voyage vers la Lune,
en décembre 1972.

*F*usion de deux goûts

et de deux saveurs distinguées ;

consentement de deux odorats

et de deux odeurs,

souffles, fragrances, fumets,

parfums ; contact de deux touchers

avec deux douceurs veloutées ;

mélange de deux évidences

brillantes

et de deux aveuglements ;

complicité de deux abandons

et deux musculaires résistances ;

symphonie de deux silences

après deux aveux, le baiser, ici,

distingue, mélange et fond

des jaunes, des ocres, saures,

citrons, ambres blonds, safrans,

topaze, maïs, moutardes, caramels,

champagnes, pailles, miels,

terre de Sienne, vieux roses,

oranges et ors…

en une mosaïque – autre nom

de la musique – précieuse.

Gustav Klimt (1862-1918),

Le Baiser, 1907-1908.

Vienne, Österreichische Galerie.

et côté laid : nous l'avons vu récemment, pour la première fois, en sa globalité.

— Aime l'humanité entière, Pantope, puisque ton globe réuni et ses messageries l'obligent à s'unir pour la première fois.

— Les hommes et les choses vont-ils donc, en bloc, échanger des messages entre eux ?

— Comme nous deux ?

— Que dire ?

Ils restent longtemps dans un calme silence, comme si des Anges passaient vraiment, portant des nouvelles quiètes.

— Timide comme tout le monde, je finis pourtant par te dire… ma prédilection.

Oui, j'ai voyagé immensément, tant j'aime le monde, beau souvent, vécu en cent lieux et circonstances, pendant des guerres fréquentes et la rarissime paix, connu la faim et la pauvreté, je ne me souviens pas de n'avoir pas travaillé…

… mais, au bilan, les rares moments vraiment précieux de la vie brève, dont je suppose que quiconque rachèterait, comme moi, le retour, au prix de ce qui lui reste à vivre, se passent en amour, instants séraphiques où la chair dit sa divinité ;

toujours renaissant et producteur du temps, l'amour seul, Ange-enfant, ne s'use pas avec la durée, que nous vivions en lui ou qu'il vive en nous ; jadis, je pensais dans sa jeunesse, elle se meut en moi, désormais ;

il n'y a de verdeur que de lui, d'adulte fort et constructif que pour lui, de vieillesse et de sagesse qu'envers lui, de bonté, de créativité, les seules vertus qui vaillent, que par lui, avec lui et en lui ;

le corps ne naît, ne commence, ne se forme que de lui, la colonne vertébrale ne se dresse que pour lui, les os humiliés ne soulèvent avec allégresse que lui, le sang ne circule, les jambes ne courent, les bras ne se lèvent, les muscles ne bandent, les nerfs ne se tendent, les articulations ne se déplient que vers lui, les cellules ne se multiplient ou ne s'associent, arrêtées, que selon sa loi ; le cœur ne bat qu'à l'amour, le cerveau ne fonctionne en notes hautes que par amour, les cheveux ne s'ébouriffent, ne tombent ou ne blanchissent que par la raison ou le malheur d'amour, le palais ne s'ouvre, la langue ne bouge, le gosier ne s'étrangle qu'en présence de l'amour, la sueur et les pleurs ne coulent que la peau et les yeux pleins d'amour ; les cris ne se délivrent du fond de la poitrine qu'avec lui ; les sanglots ne viennent, avec le désespoir et l'attente sans récompense, que hors l'amour, la musique ne descend du ciel que parmi l'amour, et la supplication avant lui et la reconnaissante liesse agenouillée après lui, le sexe n'est rien sans lui, une vague vie de carton et d'ombre s'écoule, mal, entre et sans les actes d'amour, dans l'espérance de nouveaux et le souvenir oublieux des passés, la mémoire et l'amnésie ne commencent que depuis l'amour, les imaginations ne s'envolent qu'au-dessus ou au-dessous de lui, les péchés ne se commettent qu'envers ou contre lui, l'extase ne s'atteint que pendant l'amour – il n'y a rien dans la connaissance qui n'ait d'abord jailli de lui et passé par elle, il n'existe de tristesse que sauf ou excepté l'amour ; nos temps, nos espaces, nos pensées, nos sentiments, nos actes se posent par rapport à lui seulement ; il n'y a de vie que selon ou suivant l'amour, nous ne touchons aux autres et, peut-être, à nous-mêmes qu'au plus près de lui ; et nous ne saurons jamais si, en mourant, l'amour cesse ou, alors, commence vraiment…

— … en a-mourant ? dit-elle en riant.

— Nulle pensée ne vaut sans amour ; sans lui, nous ne trouvons rien à dire.

Fondation, il soutient et supporte ; feu, énergie, meut, émeut, change et transforme ; messager, message entendu et compris, vole et ravit. L'amour somme toute la philosophie.

Timide comme tout le monde, je finis par dire, Pia, que je t'aime.

— Les Anges, les Archanges, les Chérubins, dit-elle, transmettent des bruits, de la musique, des chants, messages verbaux, textes sans corps, des mots, phrases, discours, codes, du papier, du vent. Quand ces messagers, enfin, se taisent, le Verbe se fait Chair.

Les messages vrais sont la chair humaine elle-même. Le sens est le corps.

— Ou le monde.

— L'amour est charnel.

L'entend-elle lui parler ou parle-t-elle à cet homme qui, en l'entendant, ne peut décider si des ailes, en l'écartelant, agrandissent son bassin et son thorax, espace soudain immense entre ses os craquant de force, ou si des ailes élargissent l'envergure blanche des quatre membres de cette femme ?

En tout cas, dès qu'ils se joignent, ils s'élèvent.

J'aime que tu aimes que je t'aime, disent-ils ; je découvre ma joie dans la joie que tu trouves en moi.

Décident-ils de s'appeler l'un l'autre Théodore et Dorothée, parce qu'ils oublient lequel des deux croit que Dieu lui donne l'autre, pendant que l'autre pense que le premier lui donne Dieu ?

Renés, tous deux entrent dans le triangle des Séraphins.

« *L'*Ange de l'Orient, vêtu de pourpre, et l'Ange du Midi, vêtu d'hyacinthe, accoururent comme deux souffles et se confondirent : l'un était un Ange d'amour, l'autre un Ange de sagesse… Ces deux Anges avaient été liés sur la terre d'une amitié intérieure et toujours unis, quoique séparés par les espaces.

« Le consentement qui est l'essence des bons mariages sur la terre est l'état habituel des Anges dans le ciel. L'amour est la lumière de leur monde… Cette réciprocité d'infini fait leur vie. »

(Honoré de Balzac, *Séraphîta*, *La Comédie humaine*, Pléiade, t. XI, pp. 782-783).

Séraphin à ailes doubles, mosaïque byzantine, XII-XIIIe siècles. Venise, basilique Saint-Marc.

MINUIT

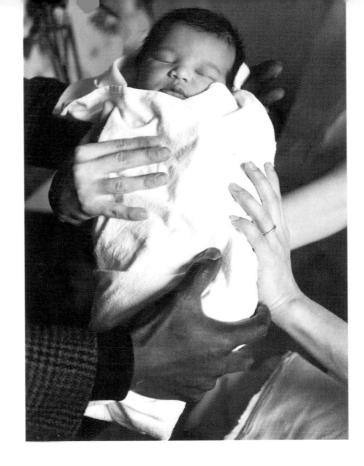

Le mathématicien français Émile Borel (1871-1956) donna le nom de *miracle* à un événement dont la probabilité, calculable, se révélerait aussi infime que celle d'obtenir, à partir de lettres jetées au hasard, une suite de termes douée de sens, comme celle qu'on peut lire sur la bande tenue par les Anges : « … paix, sur la Terre, aux hommes de bonne volonté. »

Le thermodynamicien anglais Jeans (1877-1946) donna le nom de *miracle* à un événement physique dont la probabilité, calculable, se révélerait aussi infime que celle qui nous permettrait d'observer gelé un récipient d'eau plongé dans un four clos surchauffé. Compte tenu de la complexité de l'ADN et, plus encore, de celle de tout l'organisme, la probabilité pour que ce petit d'homme-ci, bien singulier, métis entre deux mains, blanche et noire, naisse, atteint des valeurs si basses qu'on peut le nommer *miracle*. La science nous fait voir le réel miraculeux.

Peintures murales de la chapelle. Bourges, palais Jacques-Cœur.

NOËL

La radio appelle d'un avion en route : imprudente d'avoir embarqué en son état, une passagère enceinte, venue d'Israël, souffre, en vol, des douleurs d'avant l'accouchement. L'appareil se pose.

Pia court vers l'arrivée.

Là, elle s'arrête, interdite, devant la scène.

Pour l'écarter de la foule, qui se rue pour voir, les hôtesses ont dû déposer la parturiente, d'urgence, dans une boutique hors-taxe, fermée à cette heure. Venus de Californie et du Brésil pour le Salon de l'agriculture, des bergers basques disposent une couche avec des peaux de mouton ;

des astronomes et des chimistes, arrivés d'Iraq pour un congrès savant, brûlent des parfums… la délivrance vient d'avoir lieu… la devanture du commerce s'écroule, des animaux en peluche encombrent le sol, âne, bœuf… un homme se penche sur la femme, le nouveau-né, nu, minuscule, brille d'une petite lumière.

Immobile, Pia pense :

— Entre la perception banale et l'extase, tel paysage et le paradis, les hasards de la vie et le bonheur éternel, ce lieu anonyme et le palais d'un roi, entre le concret morne et le conte magnifique, le messie et l'enfant de la rue…

… plus infime qu'un dé qui bascule, qu'une vapeur, un souffle de vent, que le plus petit déplacement d'une chose légère, plume, atome, corpuscule, plus imperceptible qu'une intention libre, la différence toujours nous échappe, infinitésimale, égale à l'éclat des larmes.

Expérience si puissante et si probante qu'on peut la dire ultime et penser en mourir, passer soudain à un autre monde… ici même ?

Naître ? se dit-elle.

La jeune mère, pâle, saigne ; elle dit que le ventre lui pèse ; barbouillé de méconium, l'enfant vagit parmi les animaux de paille et les poupées de son ; l'âne paraît mêler sa bave à celle du bœuf ; il fait nuit et froid.

Pia s'agenouille. Celui qui paraît le père l'aide, tremblant, à couper le cordon. Elle l'imagine charpentier : comme tous les bons travailleurs manuels, il semble garder imprimé dans ses paumes, lourdes, fortes et adroites, le grain soyeux des planches qui ressemblent à des quartiers de viande, rose, blanche, odorante, selon la découpe du fil et des nœuds du bois : matière maternelle.

Les bergers proposent des fromages.

Peaux et paille, mère et fils, bêtes mêlées à la foule, hommes et choses, dans cette scène, prégnante est la chair.

On entend la musique, issue de l'aéroport ; elle domine la rumeur de l'attroupement curieux.

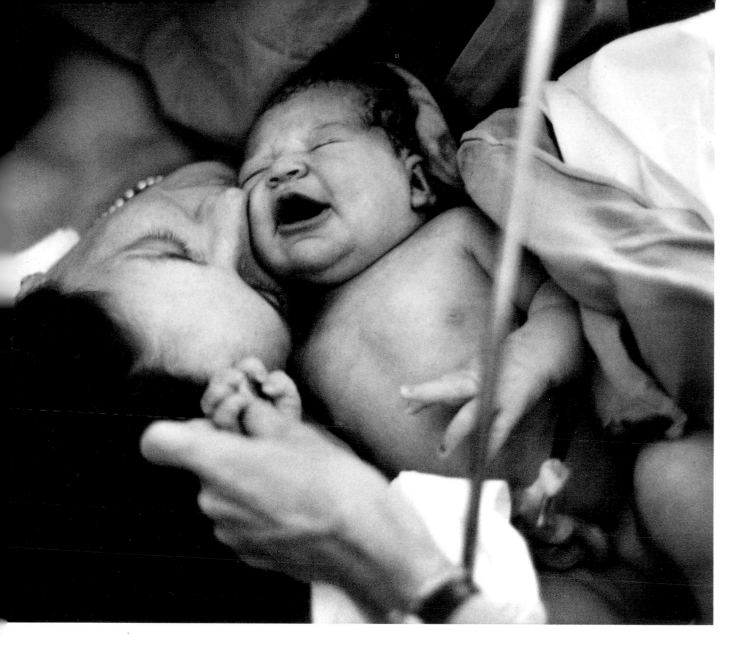

Seule la mère sait,

de son corps ouvert,

et sans avoir besoin

de le calculer jamais,

que l'enfant ébloui

de son premier jour

et qui crie sa nouvelle vie

bouche à bouche,

après qu'on a coupé

le cordon, jaillit d'elle

comme un Miracle rare

ou un Messie improbable.

Pour le comprendre avec la tête,

les mâles comptent, lourdement.

Affairée près du nourrisson et de l'accouchée, mal à l'aise en ce petit réduit, Pia, tout bas, songe :

— J'aime à vivre dehors, en montagne, à la campagne, sur la mer : pour voir loin. De murs et de rues, les villes étranglent nos vues, devenues claustrophobes : l'immensité de l'espace apaise l'inquiétude du regard cassé par ces prisons.

En promenade sur des collines d'où l'on découvre tout un pays, j'entendis un appel de femme à si grande distance qu'éveillée d'une ancienne torpeur, ma mémoire longue me restitua,

A VICTORE
CARPATHIO
FICTI ·

*L*e crépuscule des Anges.

Puisque, sous cette arche,

nul ne regarde personne

ni ne parle ni ne répond

à quiconque,

de quelle conversation s'agit-il ?

De la même que celle

des moines, séparés mais réunis,

plus haut ; et de la même échelle

que celle du Verbe.

La voici donc, à nouveau :

airain et cordes

produisent la musique

et saint Jean-Baptiste enfant

symbolise le cri dans le désert.

Au milieu des musiciens

et en face de la voix,

Jésus est le Verbe

et la Vierge la chair,

c'est-à-dire le tout du Message.

La généalogie achevée,

les Anges regagnent

leur place ordinaire :

dans la fosse de l'orchestre.

Vittore Carpaccio (1460-1526),

La Sainte Conversation.

Avignon, musée du Petit-Palais.

hier, les années de mon enfance rurale où des voix nous hélaient de l'horizon. Notre espace auditif, aussi, atteignait l'immensité paisible.

Depuis que les ordures sonores des moteurs et une musaque industrielle permanente ont pris possession de l'espace total, nul n'appelle plus personne d'aussi loin. Nos voix se trouvent exclues du monde. Ces murs de son interceptent nos messages et nous barricadent, même dehors, dans un internat d'écoute exigu. La vue s'étouffe, l'ouïe s'étrangle, que fais-je ici ?

Nous avons chassé tous les Anges de nos campagnes, où ils n'entonneront plus l'hymne des cieux.

Que chantent-ils cette nuit ? Messagers, gardiens de sages ou d'individus perdus, conseillers de rois avisés ou pervers, de victimes et de misérables, d'empires tyranniques ou de villages égoïstes, ensemble responsables du salut de la Terre entière, par peuplades, nations et quartiers, les voilà réunis, en colloque, venus, à la vitesse de la pensée, de tous lieux et horizons, et du passé le plus reculé, avertis soudain de la bonne nouvelle, heureux de laisser, enfin, au Médiateur, plus efficace qu'eux, leur responsabilité : car ils échouent, de toute éternité, dans l'entreprise de convertir le monde, par groupes et par personnes.

D'où vient leur échec ?

Oui, se dit Pia, de leur intelligence : foudroyante, légère comme le vent, rapide et brillante comme la lumière, éblouissante comme l'éclair, volante, abstraite, gracieuse, douce, pleine de plume et d'astuce, de musique, d'esprit, d'impatientes reparties, de bonté même... oui, d'angélisme. Insupportables.

Leurs messages ne passent point parce qu'ils manquent de corps : intellectuels.

Entonnant l'hymne nouvelle de Noël, ils chantent, à l'inverse, la gloire de la chair. Bourrelés d'humilité, une fois ne fait pas la coutume, les intellectuels angéliques des villes remplissent l'espace rural de cette annonce étrange que leurs messages, désormais désuets, volatils et vides, laisseront, pour la suite des temps, la place au corps lourd, qui est, dès ici et maintenant, lui et lui seul, le Verbe : chair avec sa sueur et son méconium, son sang et sa bave, l'animalité asine et bovine, bois et lait, paille et fumier, les cadeaux de trois bergers, la souffrance de sa génitrice.

Le Verbe n'est plus le cri dans le désert, la prophétie brûlante ou le psaume, la musique, la litanie, le motet, le bruissement des ailes croisées, le message codifié, transporté, remis, reçu et déchiffré, les discours et les mots emphatiques, la loi écrite, le signe, le sens, le signifié, le signifiant, le langage, la langue, le commentaire et l'interprétation... angéliques... mais la chair, oui, la chair elle-même vraiment, qui, de l'autre mère, vient de naître, dense de vie, d'intelligence et de présence divines.

Non que Dieu, différent, habite dans le corps et dure par le sang, non que le sang et le corps le symbolisent, non : Dieu est chair et la chair est Dieu, identiquement.

Ils pourront toujours continuer à dire la langue, les Anges, écrire et chanter, transporter ou coder les messages, distinguer le symbole et le Diable, professer, tels des commentateurs, commenter, comme des professeurs... mais leur rôle, subalterne désormais, leur ère, close, s'achèvent, parce que le message est là, dans ce lieu, en cet habitat, dans cette étable aux animaux, dans cette crèche aux quadrupèdes, chez l'immanence odorante et tangible du sensible, au berceau.

Babillarde, langagière, puritaine, messagère, publicitaire, la Ville, aujourd'hui, substitue au fait ses représentations en sons ou en images, ne fait plus naître d'enfants, détruit les espèces et ne garde que les animaux d'appartement en les émasculant, n'interroge plus la vie dans ses laboratoires, délaisse l'amour et discourt de sexe, par Minitel et psychiatrie interposés, ou, méprisant muscle et cœur, se met, selon des prescriptions abstraites, à l'exercice et au régime... hante la puissance, la capacité, la vitesse et les manques des Anges.

Par le monde, tous les réseaux crient la faim, hurlent la soif d'incarnation, en manque horrible de corps. Bonne nouvelle, enfin : le Messie, le message, c'est la chair, immanente, qui se sauve d'elle-même.

Elle a dit ces derniers mots à haute voix.

— Que je sache, dit l'un des savants, cette chair ne m'apprend rien ; pour la comprendre ou l'expliquer, nous la divisons en fonctions, organes, cellules, molécules...

— Je le sais, mais le médecin ne rencontre jamais qu'elle, réelle, mêlée, veine et nerf sur os, compacte, concrète, vivante, individuelle, douloureuse de haine, allègre d'amour, ici à l'état naissant...

— Rêve de théologie, dit-il.

— Expérience précise, aussi bien. Quand un patient me dit : j'ai mal là, il désigne un endroit de son corps où divers tissus, cellules et fonctions se mélangent. Vous ne me dites jamais rien de ce lieu.

— Vous mêlez ce que nous analysons : confusion !

— Au laboratoire vous perdez la vie : elle requiert de moi que je la conforte et sauve.

— Vous ne la comprenez pas.

— Mais comment comprendre les malades ?

— Vous ne leur expliquez rien.

— Mais je les soulage. Comment faire sans aimer la chair ? Ces mixtes, compositions, mélanges, confluences... de carbone et d'azote, de terres rares et de métaux, d'organes et de fonctions, de sueur et de lait, d'or, d'encens et de myrrhe, de feux et de signaux, d'oubli et de mémoire, de savants et de bergers, d'hispanisants et d'Arabes, d'individus dans la foule, de réseaux de communication où errent ceux qui vont s'inscrire aux registres du recensement et qui courent les congrès ou les colloques, multiplicités composites et variées, ces rencontres, dont la nôtre, comment les nommer sinon les amours de l'homme humble et charnel... d'où nous sommes partis, ce matin, et que nous retrouvons, divin, cette nuit.

Il ne comprend rien à cette fin, toute privée. Impatient, il l'interrompt.

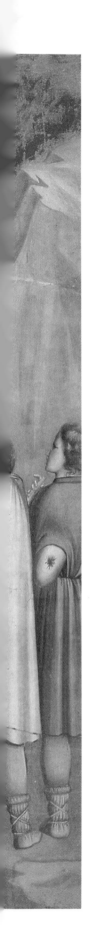

*L*a disparition

et le salut des Anges.

De profil, la procession des Anges

passe, rapide ; chacun, à son tour,

s'incline avec respect, au centre ;

puis ils filent, plongent,

disparaissent.

Restent : l'enfant, maillotté ;

le père nourricier, assis

et dormant ; la mère, couchée ;

le bélier, les brebis et les agneaux,

allongés ; les bergers,

tout pétrifiés ; le bœuf et l'âne,

liés à leur mangeoire :

tous immobilisés,

pour quelque raison.

Tout est stable, sauf les Anges.

La chair est là

et les messagers

finissent leur journée.

Ils passent et saluent

comme des acteurs,

en fin de spectacle.

Applaudissez.

Giotto (1266-1337), *Nativité*.

Padoue, chapelle Scrovegni.

— Voici le bambin, dit-il.

Pia le prend dans ses bras.

Survenu, Pantope conduit vers l'infirmerie la jeune accouchée, soulevée par les Basques, puissants comme des taureaux et légers comme des oiseaux, suivant Pia, qui porte l'enfant. Cela fait une sorte de cortège, que les savants iraquiens aident à traverser la foule.

La musaque, triviale, ne cesse pas.

— Gloire à cet enfant quelconque, dit Pantope, à l'oreille de Pia.

— La gloire, à quoi bon ? dit-elle.

— En foule et depuis toujours, Villeneuve et Villevieille meurent de violence et, sans doute, d'elle seulement : rivalités, guerres, tortures, pressions, assassinats, ruisselant sur son échelle verticale. Lis-la sur tous ces visages, arrogants ou opprimés, dieux de l'Ouest et mortels du Sud. Il montre la foule divisée en deux.

— Hélas ! Mais pourquoi s'entretuent-ils ?

— Pour la force que donne la gloire et pour la gloriole que la puissance offre.

— Nous résoudrions le problème du mal, s'ils signaient la paix perpétuelle…

— Rêve irréalisable, utopie paradisiaque !

— Comment, alors, faire la trêve entre nous ? Si nos guerres nous ravagent pour la gloire, il faudrait que nul ne la désire plus.

— Impossible ! La proportion de malades mentaux qui ne vivent que pour elle reste stable par le temps. Y aurait-il même une histoire un peu cohérente sans la glu de la gloire ?

— Faute d'éradiquer une telle peste, pourrions-nous rendre inaccessible son prix ?

— Essaie donc !

— Lorsqu'un père de famille désire que ses enfants, de petite taille, n'atteignent pas les pots de confiture ni les médicaments, il juche au-dessus de la plus haute armoire les objets du désir gourmand et le risque de colique.

— Mais les gosses, astucieux, montent sur les tabourets. Alors commence un jeu où le père, toujours, perd : aussi haut qu'il perche l'interdit, celui qui le brave le dépasse. Le gendarme et le voleur connaissent le jeu du canon et de la cuirasse… tu as perdu, comme les parents naïfs.

— Au contraire, il suffit de renverser les rôles pour trouver la stratégie, gagnante, du superlatif absolu : à quelque élévation que se hisse le cambrioleur, la gloire, toujours en avance, le surplombera ; l'objet se situe à un niveau tel, *in excelsis*, au plus haut des cieux, que nul ne peut y accéder.

— Très-Haut, dit-on du Bon Dieu.

— A lui seul la puissance et la gloire !

— Inaccessibles, enfin, je vois.

— Comme nul, parmi nous, ne peut les atteindre, voici la paix revenue. Nous n'avons plus aucune raison de nous entretuer, puisque personne, désormais, n'accède à cet apogée.

— Gloire à Dieu au plus haut des cieux et paix sur la terre aux hommes de bonne volonté, cela veut donc dire : si notre volonté devient assez bonne pour nous accorder ensemble à ne donner la gloire qu'à un absent transcendant, alors nous vivrons en paix.

Comme le singe fameux
de la psychologie expérimentale
ramasse un bâton
pour accéder à la banane,
le petit d'homme,
dès son jeune âge, sait,
avec une certaine aisance,
multiplier les moyens pour parvenir
à ses fins bonbonnières :
prendre le capital
et non se contenter
de la rente journalière, distribuée,
le soir, par la mère.
Admirer le raffinement
des intermédiaires empilés,
sans rapport avec l'indigence
de la banque cambriolée,
génératrice d'épuisantes coliques.
Nul âge n'échappe à ce schéma.

— Oui.

— Cela maximise, par un point à l'infini, toutes les échelles, bonnes et surtout mauvaises, que nous avons, aujourd'hui, descendues ou montées.

— Tu dis avec des mots compliqués ceci, très simple, qu'aussi haut qu'un prétentieux se dévisse le cou, son talon reste au niveau de tous et sa tête plus basse que la gloire de Dieu.

— Compliqué ou simple, cela clôt notre journée. Toute hiérarchie s'effondre.

— Alors, la machine à fabriquer les dieux, qui produit, en même temps, la violence et la guerre, s'arrête.

Cette solution unique au problème du mal conduit donc, non pas à la démonstration de l'existence de Dieu, mais à la nécessité de sa place et à la réfutation du polythéisme, qui nous domine aujourd'hui.

Sans un Dieu unique et sa gloire exclusive, qui fondent les seuls contrats de paix, la guerre de tous contre tous continue à faire rage.

Les voici au centre médical, où repose Gabriel.

— Passion et nativité se mêlent en un même jour, dit-il.

— Ah ! répond-elle, éblouie, réjouissons-nous de la Résurrection

Entre-temps, moins intimidés, chahuteurs, les bergers, aux épaules de joueurs de rugby, ont entonné à tue-tête leurs chants basques des montagnes.

« *A*près le sabbat, au commencement du premier jour de la semaine, Marie de Magdala et l'autre Marie vinrent voir le sépulcre. Et voilà qu'il se fit un grand tremblement de terre : l'Ange du Seigneur descendit du ciel, vint rouler la pierre et s'assit dessus. Il avait l'aspect de l'éclair et son vêtement était blanc comme neige. Dans la crainte qu'ils en eurent, les gardes furent bouleversés et devinrent comme morts. Mais l'Ange prit la parole et dit aux femmes : "Soyez sans crainte, vous. Je sais que vous cherchez Jésus, le crucifié. Il n'est pas ici, car il est ressuscité..." » (Matthieu, 28, 1-6).

L'Ange apparaît aux saintes femmes, Sacramentaire de Robert de Jumièges, v. 1050. Rouen, bibliothèque municipale, ms. 274.

LA LÉGENDE

Le lecteur :

— Pourquoi, aujourd'hui, s'intéresser aux Anges ?

L'auteur :

— Parce que notre univers s'organise autour des messageries et qu'ils sont des messagers plus nombreux, complexes et raffinés qu'Hermès, unique, faux et voleur.

Chaque Ange porte une ou plusieurs relations ; or il en existe des myriades et nous en inventons, tous les jours plusieurs milliards : nous manquons d'une philosophie de telles relations.

Au lieu de tisser des réseaux de choses ou d'êtres, dessinons donc des entrelacs de chemins. Les Anges ne cessent de tracer les cartes de notre nouvel univers.

— Avant d'en venir à des choses aussi savantes, pour mieux lire votre livre, pouvez-vous m'en faire voir la clef ?

— Passe-partout lui-même, l'Ange offre encore mieux : tout un clavier !

— Un trousseau ?

— Messager, il franchit les espaces, les temps et les murailles, garde, marque, traverse les portes closes. Rien de fermé pour lui ; suivez-le.

— Par quels stades passe-t-il ?

— Le dialogue du Matin en décrit la suite et le fonctionnement : travail nouveau de **messagerie**, résultat récent d'une histoire patiente, d'où se tire l'organisation de la **Ville** neuve, verticale et mondiale, angélique ou arrogante ; production de messages, selon une échelle plus douce ; activité des messagers, apparus ou disparus, par éclats et par occultations ; assistance aux producteurs de messages par des gardiens ; prépositions, enfin et en somme, éléments actifs des messages, messagères elles-mêmes, préposées, puis nœuds du réseau de la messagerie.

— Mais ce travail de fonctionnement lui-même ne pose-t-il pas des questions d'éthique, rencontrées, déjà, dans l'injustice de la ville et la déontologie des messagers ?

— Après l'appel angoissé sur la vie et la mort, entendu à Midi, temps de l'Angélus, l'Après-Midi les aborde : comment se fait-il qu'un monde qui tend vers l'angélisme par ses flux et ses messages, dont les échangeurs ou Chérubins rendent universelle la messagerie, et qui devrait aboutir, par là même, à l'égalisation, la péréquation, un mélange à la fois homogène et fortement différencié, donc à l'équité, aille, au contraire, à plus de mal bestial, à plus de faux dieux et de haine diabolique, à la constitution d'échelles de puissance et de domination plus écrasantes, à plus d'injustice atroce encore que tous ses prédécesseurs ?

Voilà, sans doute, comment se présente, aujourd'hui, le problème du mal.

— Pourquoi ?

— Parce que notre science toute-puissante et nos techniques, efficaces et fiables, font de nous les responsables de notre destin.

— Sommes-nous des Anges, nous aussi ?

— Nous communiquons entre nous à la vitesse de la lumière, nous nous déplaçons à celle du son et transformons les autres et le monde par nos paroles !

— Et le mal ?

— La chute des Anges, la nôtre, le met en scène.

Elle montre de bizarres renversements du pour au contre, comme les souffles de vent et les éléments les font ressentir, qui organisent les apparitions et les disparitions, la nécessité mais la méchanceté de nos gardiens, la mutation de belles en bêtes, de victimes en bourreaux, d'hommes d'excellence en dieux abominables... d'où vient l'extraordinaire difficulté de juger : autant couper en deux une pièce de monnaie pour séparer les composants de l'alliage !

— En dernière instance, ne jugez-vous point ?

— Satan, nom hébreu, se traduit, en français, par : accusateur public ou avocat général. Il arrive que la messagerie dérive en actes d'accusation.

— J'en conviens et, en spectateur, j'assiste à ces procès, tous les jours.

— Mieux vaut donc ouvrir les portes, par Miséricorde, que trancher les cas et condamner ou enfermer.

— Comment votre clef ouvre-t-elle ces portes ?

— L'Ange permet, à la fois, de comprendre, par de fines techniques, le fonctionnement des choses, des hommes ou des outils, et d'exposer la morale, chose rare. D'où cette journée en deux actes, partagée à Midi.

— Ta solution, si tu l'oses !

— Les chapitres du Nocturne et de Minuit la donnent, sous la lueur absente du Luminaire, porte-lumière non satanique, stable qui tourne et mêle : il fait voir la vraie Justice, tout aussi nécessaire que la Miséricorde, conduit à l'amour extatique des Séraphins fondus et, surtout, à l'égalité, au point bas le plus bas, autour du nouveau-né, à Noël, parmi les plus simples et les misérables, que ce livre, à l'Aurore, appelait Archanges.

Cette égalité ou équité, ces cercles qui, selon les souffles contingents, reviennent, au hasard, sur eux-mêmes comme le nouveau-né, avant Midi annoncé par la petite Angélique, rejoint Gabriel, mort au centre médical, résolvent l'injustice inique des échelles, verticales et arrogantes, de la puissance et de la gloire.

Quand le verbe se fait chair, l'Ange, messager de pure langue, remet toute gloire à qui de droit, Très Haut, et se retire ; invisible, il a vocation de détachement.

— Grâce à cette clef universelle, écrivîtes-vous un livre ouvert ?

— Connaissez-vous ces petites pièces dont l'étanchéité permet de passer, dans les sous-marins ou les écluses, entre l'air et l'eau, ou d'un bief au suivant ?

— Les sas ?

— Imaginez donc le passe-partout de tous les sas imaginables, voilà l'universalité angélique !

— Au lieu de vous en vanter, montrez la forme de la clef !

— Avez-vous senti à travers vos cheveux, sur la peau, devant les yeux et dans les oreilles, cette intuition en flaque de lumière, boule à millions de facettes, cascade haute et bruyante de rivière, rafale à grains en myriades ?

Le lecteur, interdit :

— Me voilà égaré, à nouveau. S'agit-il d'une apparence ?

— D'apparitions et de disparitions, tout ensemble.

— De clarté ?

— Oui, aussi bien de vent, de tous les flux de la nature !

— D'une personne ?

— Oui, puisqu'il lui arrive de porter un nom, Raphaël, Gabriel ou Michel.

— Parfois, seulement ?

— Oui, car, le plus souvent, elle se multiplie en innombrables ensembles. Individuée, elle parle ; chœur, joue de la musique et chante ; foule, elle bruit.

— Elle fluctue donc entre le collectif et l'individuel.

— Masse d'anges, grouillement, multitudes, armée, troupe, cortège, défilé... chaos peu à peu ordonné d'où émergent quelquefois des individualités. Les Anges montent et descendent l'immense échelle ou rivière le long de laquelle se construit, puis s'incarne le Verbe, entre la rumeur, la musique, l'annonce et le dialogue, jusqu'à la chair.

— Esprits ?

— Oui.

— Idées ?

— Oui encore : celles-ci sont des idoles, dont elles portent le nom ; or, les Anges, dit-on, gardent trace des faux dieux et redeviennent des fétiches, s'ils chutent... idées, donc, commencements d'esprits...

— Souffles, alors ?

— Oui toujours : ample vent déployé en milliards de grains, toujours plus légers, flux épars et partout connexes, transports volatils nouant de leurs fleuves l'univers.

— De nature physique ou spirituelle ?

— Les deux ensemble. Flux en mouvement dans l'océan, l'atmosphère et le climat, armées des constellations étoilées, esprits et messages, mondiaux et immatériels, ils unissent, de plus, ces deux règnes, grâce à eux inséparables et jadis sottement séparés.

— Intelligents ?

— Certainement : comme les hommes, les choses, le monde, les machines ingénieuses et fines le sont.

— Corporels ?

— Cela peut arriver ; mais ils se réunissent tous, pendant la nuit de Noël, pour fêter l'incarnation du médiateur nouveau.

— Ces anciens médiateurs figurent donc à merveille nos télégraphistes, facteurs, traducteurs, représentants, commentateurs... les armées de nos nouveaux travaux.

— Absolument.

— Mais aussi les fibres optiques et ces intelligentes machines construites pour connecter les réseaux entre eux : brasseurs et routeurs ?

— Bien sûr, encore et toujours : chérubins à plusieurs corps, physiques, vivants, humains, artificiels ou idéaux... échangeurs, sas ou clefs... voilà de bons nouveaux concepts pour comprendre et pour produire.

— Individuels et multiples, messagers apparus, disparus, visibles et invisibles, construisant les messages et les messageries, esprits et corps, spirituels et physiques, des deux sexes et sans sexe, naturels et techniques, collectifs et sociaux, en désordre et en ordre, producteurs de bruit, de musique, de langue, intermédiaires, échangeurs, intelligence répandue dans les choses du monde et les artefacts... avouez que vos Anges sont insaisissables. De plus, ils deviennent parfois très mauvais !

— Leur forme, dont la généralité s'adapte assez, voilà le passe-partout, pour ouvrir les boîtes les plus noires et dont la richesse unit les sens que vous venez d'additionner, permet de lire à livre ouvert notre temps : nos sciences abstraites et réalisées, nos technologies matérielles et logicielles, notre activité concrète et volatile.

Inversement, celles-ci jettent sur ces anciennes formes angéliques une lumière nouvelle et, curieusement, proche de nous. On dirait deux miroirs dont le face-à-face démultiplie la clarté, en blanc et en couleurs.

Partez donc de cette intuition simple d'une boule ou flaque de lumière et revenez-y.

— Elle groupe un nœud très enchevêtré de sens.

— Beau sas ou échangeur que cet entrelacs ! Croyez-vous mieux saisir le sens des mots de la philosophie, distingués ou détaillés par un vocabulaire, dont le filet troué laisse tout passer ?

— Dès lors, ces figures vous soulagent, par exemple, d'un traité de sciences cognitives ou de philosophie du langage ?

— Quel allégement !

— D'une éthique ?

— Avez-vous vu les Anges chuter ?

— D'une sociologie du travail ?

— Et surtout des jours chômés.

— D'une physique du globe et d'une climatologie ?

— Ouvriers ou opérateurs, les Anges construisent l'univers, humain, technique et physique.

— D'une cosmologie ?

— A l'état naissant.

— De théologie ?

— A Dieu vat !

— Que ne dit-elle donc pas ?

— Qu'importent ces catégories, à titre laid, destinées à protéger, sous un vocabulaire terrifiant, des corporations privilégiées ? Comme la philosophie se dissout, dit-on, aujourd'hui, nous voici, de nouveau, vivant des temps d'origine, où, à sa place, brille une flaque immense et connexe, coule un torrent de brillance chatoyante, pris à son commencement.

— Comment les exprimer, expliquer ou peindre ?

— Je m'y essayai.

— En un conte ou dialogue philosophique, roman d'amour ou déclaration continuée, pièce de théâtre, munie des trois unités, scénario de film… ?

— Ainsi j'eusse voulu que vous lussiez le volume. Au fait, avez-vous, parfois, soudé à l'arc ?

— Euuh…

— Cela produit un éclat lumineux et subit, qui laisse sur deux métaux une cicatrice dont la couleur va du bleu au rouge cerise et ressemble assez à la flaque de lumière et à l'intuition de tantôt.

— Que voulez-vous, encore, unir ou joindre, par cette fusion chaude ?

— Plusieurs choses, en somme : la science et les misérables, la nature et les cultures, la raison et les religions…

— Mais les Lumières nous apprirent à les disjoindre.

— … et les différences locales entre elles…

— Mais ce siècle-ci nous enseigna d'en étudier les singularités, indépendamment.

— … enfin, l'un et le multiple !

— Mais, hier encore, celui-ci nous interdisait celui-là !

— Voilà : le savoir change sans cesse de forme, de chair, de contenu, de lumière !

— Montons-vous vers un nouvel univers ?

— Sur les ailes des Anges, ses ouvriers.

— Redescendrons-nous ?

— C'est une chose à prévoir !

— Vous rêvez, encore… au fait, j'ai parfaitement compris pourquoi vous aviez fait des messagers de tous genres les Anges, de nos chefs, petits ou grands, les Puissances, Trônes et Dominations, des échangeurs, techniques, vivants ou verbaux, les Chérubins à plusieurs corps, et des amants les suprêmes Séraphins, mais, dans ce classement de la tradition, dont la somme fait la messagerie générale, je n'ai pas saisi pourquoi, dès le début, vous faites apparaître, et mourir, Archange nommé, un misérable.

— Parce que archè signifie, aussi, commencement, et que la misère et l'exclusion gisent à la source et comme à l'annonce du monde qui vient, de même que la violence mortelle fonde l'histoire humaine.

— Une question, avant de vous quitter : que deviennent Pantope et Pia ?

— Médecin du monde, celle-ci voyage et ne connaît plus de frontières ; nommé récemment à l'aéroport, Pantope l'attend.

Je les entendis se dire :

— Que ou qui chercheras-tu, Pia, en voyage ?

— Qui ou qu'attendras-tu, Pantope, à l'aéroport ?

Et répondre presque ensemble :

— Nous avons trouvé ce que, même disparu, nous ne pouvons plus perdre.

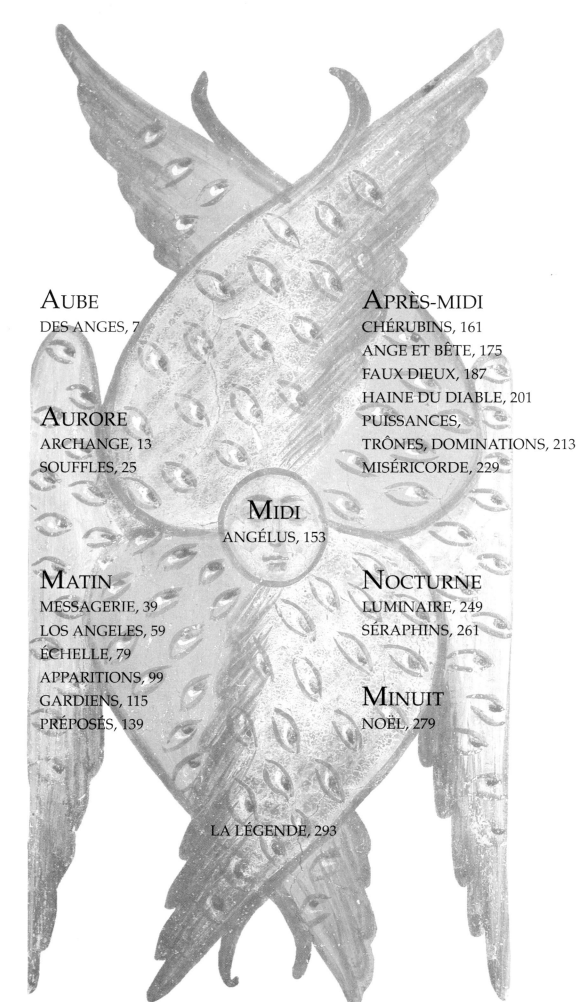

CRÉDITS PHOTOGRAPHIQUES

ADAGP, Paris 1993/Giraudon : 56-57 (Marseille, musée Contini), 98 (coll. Ernst O.E. Fischer)

ADAGP, Paris 1993/Bridgeman-Giraudon : 210-211 (Anvers, musée royal des Beaux-Arts)

ADAGP, Paris 1993/Dagli Orti : 247 (Venise, fondation Peggy Guggenheim)

Age/Cosmos : 30-31 (ph. G. Brad Lewis), 106-107 (ph. S. Grandadam)

Agence VU : 18-19 (ph. Paolo Pellegrin), 20-21 (ph. Paolo Pellegrin), 25 (ph. François Huguier), 62-63 (ph. Michel Vanden Eeckhoudt), 96-97 (ph. Hugues de Wurstemberger), 149 (ph. Cristina Garcia Rodero), 154 (ph. Manuel Vimenet), 154-155 (ph. Manuel Vimenet), 155 (ph. Manuel Vimenet), 186 (ph. John Vink)

Alinari/Giraudon : 17 (Padoue, Museo Civico), 205 (Padoue, Museo Civico), 286-287 (Padoue, chapelle Scrovegni)

Altitude : 161 (ph. Guido Alberto Rossi), 225 (ph. Yann Arthus-Bertrand), 263 (ph. Richard Woldendorp), 266-267 (ph. Philippe Bourseiller)

Artephot : 229 (ph. Roland)

Artothek : 200 (Munich, Alte Pinakothek)

Bibliothèque nationale, Paris : 92

Bridgeman-Giraudon : 125 (Londres, British Library), 210-211 (Anvers, musée royal des Beaux-Arts)

CMNHS : 278 (Bourges, palais Jacques-Cœur)

Cosmos : 32 (ph. John W. Warden), 59 (ph. Gerald Buthaud), 178 (ph. Bryan et Cherry Alexander)

Dagli Orti : 5 (Tolentino, chapelle de Saint-Nicolas), 6 (Paris, musée du Louvre), 15 (Dijon, musée des Beaux-Arts), 24 (Florence, galerie des Offices), 38 (Madrid, musée du Prado), 44-45 (Tarante, Musée national), 65 (Sienne, Pinacothèque nationale), 76-77, 78 (Avignon, musée du Petit-Palais), 90-91 (Bilbao, musée des Beaux-Arts), 94-95 (Villeneuve-lès-Avignon, musée de l'Hospice), 100 (Autriche, monastère de Klosterneubourg), 105 (Avignon, musée du Petit-Palais), 132 (Montpellier, musée Fabre), 134-135 (Paris, musée du Louvre), 144-145 (Padoue, chapelle Scrovegni), 152 (Paris, musée d'Orsay), 156-157 (Paris, musée du Louvre), 160 (Paris, musée du Louvre), 172-173 (Germigny-des-Prés, chapelle Palatine), 174 (Avignon, musée du Petit-Palais), 176-177 (Beaune, Hôtel-Dieu), 188-189 (Mantoue, palais du Te), 196-197 (Padoue, chapelle Scrovegni), 198-199 (Madrid, musée du Prado), 206 (Reims, cathédrale Notre-Dame), 208-209 (Saintes, église Saint-Eutrope), 228 (Bologne, Pinacothèque nationale), 236-237 (Rome, basilique Saint-Pierre), 238 (Beaune, Hôtel-Dieu), 247 (Venise, fondation Peggy Guggenheim), 260 (Istanbul, bibliothèque du palais de Topkapi), 275 (Venise, basilique Saint-Marc), 290-291 (Rouen, bibliothèque municipale), 299 (Roumanie, monastère de Moldovito)

D.R. (PROD/DB) : 138, 141, 214-215, 234

Edimedia : 254-255 (New York, musée d'Art moderne), 269 (Amsterdam, Stedelijk Museum)

ERS-1/ESA : 42-43

Explorer : 49 (ph. Alain Le Toquin), 79 (ph. P. Gontier), 87 (ph. P. Gontier), 116-117 (ph.Willi Peter, Saint-Germain-en-Laye, Musée municipal), 151 (ph. Marc Carbonare), 159 (ph. Gregory G. Dimijian et P. Resear), 162-163 (ph. Mario Colonel), 220-221 (ph. Willi Peter, Rouen, musée des Beaux-Arts), 223 (ph. K. Krafft), 224 (ph. P. Bourseiller), 226-227 (ph. Kinne et Schuster), 250 (coll. A. Schrotter)

Giraudon : 13 (Gand, cathédrale Saint-Bavon), 56-57 (Marseille, musée Contini), 68-69 (Saint-Chef, église Saint-Theudère), 83 (Paris, musée du Louvre), 84 (Gand, cathédrale Saint-Bavon), 88-89 (Bruxelles, musée royal des Beaux-Arts), 98 (coll. Ernst O.E. Fischer), 115 (Chantilly, musée Condé), 139 (Colmar, musée Unterlinden), 146-147 (Mantoue, palais Ducal), 184 (Léon, église San Isodoro), 203 (Chantilly, musée Condé), 213 (Chantilly, musée Condé), 243 (Chantilly, musée Condé), 261 (Chantilly, musée Condé)

Glasgow Museums : the Burrell Collection : 137

Lauros-Giraudon : 103 (Albi, musée Toulouse-Lautrec), 182-183 (Rome, galerie Borghèse), 194 (Chantilly, musée Condé)

Magnum : 7 (ph. Josef Koudelka), 8-9 (ph. Josef Koudelka), 10-11 (ph. Sebastio Salgado), 16 (ph. Paul Fusco), 34-35 (ph. Ernst Haas), 37 (ph. Leonard Freed), 41 (ph. Erich Lessing, Mantoue, palais du Te), 58 (ph. Miguel Rio Branco), 70 (ph. Sebastio Salgado), 74-75 (ph. Raghu Rai), 112-113 (ph. Richard Kalvar), 114 (ph. Erich Lessing, Paris, musée du Louvre), 153 (ph. Josef Koudelka), 171 (ph. Rai Raghu, Inde, Khajuraho), 175 (ph. Ernst Haas), 180 (ph. Erich Lessing, Paris, musée du Louvre), 187 (ph. Bruce Davidson), 192 (ph. Elliott Erwitt), 212 (ph. Erich Lessing, Wuppertal, Von der Heydt Museum), 232-233 (ph. Raymond Depardon), 244-245 (ph. Erich Lessing, Florence, musée San Marco), 252-253 (ph. Patrick Zachmann), 259 (ph. Patrick Zachmann), 265 (ph. Marc Riboud), 272 (ph. Erich Lessing, Vienne, Österreichische Galerie), 279 (ph. Martine Franck), 280-281 (ph. Josef Koudelka)

Métis : 126-127 (ph. Xavier Lambours), 128 (ph. Martine Voyeux), 289 (ph. Pascal Dolemieux)

Musée du Petit-Palais, Avignon : 282-283 (ph. André Guerrand)

NOAO/Science Photo Library/Cosmos : 46

NASA/Science Photo Library/Cosmos : 28, 142-143, 270-271

NASA/Visions/Cosmos : 72-73

Pour la science : 60-61

Rapho : 66 (ph. M. Serraillier), 130-131 (ph. Doisneau), 248 (ph. Georg Gerster)

Scala : 22-23 (Florence, galerie des Offices), 80-81 (Vatican,

Légendes des illustrations d'ouverture des parties

Aube (p. 5) : Moines chantant, entrant dans une chapelle. Fresques de la chapelle de saint Nicolas, attribuées au maître de Tolentino, XVe siècle.

Aurore (p. 15) : Maître de Flemalle, *La Nativité*, détail, vers 1430. Dijon, musée des Beaux-Arts.

Matin (p. 37) : École à Berlin Ouest.

Midi (p. 151) : Cadran solaire. Conflans, Savoie.

Après-midi (p. 159) : Montre impériale suisse, début du XIXe siècle.

Nocturne (p. 247) : René Magritte, *L'Empire des lumières*, 1953. Venise, fondation Peggy Guggenheim.

Minuit (p. 277) : Constellation *Canis Major*. L'étoile principale est Sirius, l'étoile la plus brillante du ciel.

Table des matières (p. 299) : Séraphin aux ailes décorées d'yeux, fresque extérieure de l'église du monastère de Moldovito, érigée en 1532 et peinte en 1537. Moldovito, Moldavie, Roumanie.

Du même auteur :

ÉQUILIBRE ET FONDATIONS

Rome. Le livre des fondations, Grasset, 1983.

Statues. Le second livre des fondations, François Bourin, 1987.

Les Origines de la Géométrie. Tiers livre des fondations, Flammarion, 1993.

Détachement, Flammarion, 1983.

Le Contrat naturel, François Bourin, 1990.

L'Hermaphrodite, Flammarion, 1987.

Le Tiers-Instruit, François Bourin, 1991.

ÉNERGIE ET TRANSFORMATIONS

Jouvences. Sur Jules Verne, Éditions de Minuit, 1974.

Feux et signaux de brume. Zola, Grasset, 1975.

La Naissance de la physique dans le texte de Lucrèce. Fleuves et turbulences, Éditions de Minuit, 1977.

Genèse, Grasset, 1982.

Les Cinq Sens. Philosophie des corps mêlés, Grasset, 1985.

MESSAGERS, MESSAGES ET MESSAGERIES

Le Système de Leibniz et ses modèles mathématiques, PUF 1982 (1ère ed. 1968).

Hermès : I, *Communication* ; II, *Interférence* ; III, *Traduction* ; IV, *Distribution* ;

V, *Passage du Nord-Ouest*, Éditions de Minuit, 1969-1980.

Esthétiques. Sur Carpaccio, Hermann, 1975.

Le Parasite, Grasset, 1980.

La Légende des Anges, Flammarion, 1993.

Achevé d'imprimer en septembre 1993
sur les presses de l'imprimerie CLERC SA
à Saint-Amand-Montrond.
Relié par Brun, à Malesherbes.

N° d'édition : 0689
N° d'impression : 5325
Imprimé en France